Michael Degen, 1932 in Chemnitz geboren, Schauspieler und Schriftsteller, überlebte den Nationalsozialismus mit seiner Mutter im Berliner Untergrund. Nach dem Krieg absolvierte er eine Ausbildung am Deutschen Theater in Berlin. Er trat an allen großen deutschsprachigen Bühnen auf und arbeitete mit Regisseuren wie Ingmar Bergman, Peter Zadek und George Tabori zusammen. Seine Autobiographie «Nicht alle waren Mörder» (1999) wurde zum Bestseller, es folgten deren zweiter Teil «Mein heiliges Land» (2007) und der Roman «Familienbande» (2011) über Michael Mann, den jüngsten Sohn der Familie Mann.

«Ein eindringliches literarisches Denkmal.» (Wiener Zeitung)

MICHAEL DEGEN

Der traurige Prinz

Roman einer
wahren Begegnung

Rowohlt Taschenbuch Verlag

Veröffentlicht im Rowohlt Taschenbuch Verlag,
Reinbek bei Hamburg, Mai 2016

Umschlaggestaltung any.way, Hamburg,
nach einem Entwurf von ANZINGER | WÜSCHNER | RASP, München
Umschlagabbildung Imagno/Kontributor/Getty Images
Satz aus der Berling, PostScript, InDesign,
bei Pinkuin Satz und Datentechnik, Berlin
Druck und Bindung CPI books GmbH, Leck, Germany
ISBN 978 3 499 24205 2

Auch diesmal – für Suse

Während eines Gastspiels in Vaduz fand ich eines Abends einen Zettel auf dem Garderobentisch. Darauf die Mitteilung, man erwarte mich nach der Aufführung in der Kassenhalle des Theaters. Keine Unterschrift. Ich beachtete den Zettel nicht weiter, wurde dann beim Abschminken aber doch neugierig. Also ging ich durch den leeren Saal ins Foyer und lugte durch eine halboffene Tür in den schon abgedunkelten Kassenraum. Ebenfalls gähnende Leere.

In einer dunklen Ecke nahe beim Ausgang jedoch entdeckte ich eine männliche Gestalt. Mir den Rücken zugewandt, reagierte sie nicht auf mein Räuspern und sah durch die Türfenster auf die Straße hinaus. Bewegungslos.

Nach einer ganzen Weile, in der ich ebenso stillschweigend dastand, wandte sich der Mann in einer raschen Bewegung zu mir um, mit einem solchen Schwung, dass er beinahe seine forciert aufrechte Haltung eingebüßt hätte. Er ging noch einen Schritt auf mich zu und starrte mich nun seinerseits an. Kein Wort fiel. Weder von ihm noch von mir. Keiner von uns beiden machte auch nur die geringsten Anstalten, sich dem anderen zu nähern. Woher kenne ich diese Augen?, fragte ich mich. Im Halbdunkel kamen sie mir unnatürlich hell vor. Es waren Augen von so zwingendem Ausdruck, dass ich mich ihnen nicht entziehen konnte.

«Wie sind Sie nur auf die Idee gekommen, den Jean so widerwärtig, so brutal und bösartig darzustellen?», sagte er plötzlich, und mit einem Schlag wusste ich, wen ich vor mir hatte. Diese unverwechselbare, männlich und immer noch jugendlich klingende Stimme, mit diesem leicht wienerischen Tonfall darin. Jeder einschlägige Theatergänger hätte ihn daran sofort erkannt. Ja, das konnte nur er sein. Er, den ich als mein Vorbild bezeichnet hätte – wäre ich unbescheidener gewesen.

«Das war wohl mehr der Einfall meines Spielleiters», entschuldigte ich mich leise. Wir hatten «Fräulein Julie» von August Strindberg gegeben.

«Kein Spielleiter ist es wert, dass man sich ihm so rückhaltlos in die Hand gibt. Nicht einmal Ingmar Bergman.»

Dann lud er mich in sein Haus ein. «Darf ich Sie auf einen kleinen Drink nach Triesen bitten, hinauf in meine Teixlburg? Es ist nicht sehr weit von hier. Mein Wagen steht gleich vor dem Theater im Parkverbot. Und keine Furcht, ich werde Sie nicht allzu spät ins Hotel zurückbringen. Wenn Sie erlauben?»

Ich nahm die Einladung an. Es war eine einmalige Gelegenheit, und der Abend ist mir unvergesslich geblieben.

«Übrigens, sprechen Sie mich bitte nicht mit meinem Künstlernamen an», bat er mich auf der Fahrt nach oben.

«Ich heiße Bschließmayer. Oskar Josef Bschließmayer.» Als ich ihn etwas verwirrt ansah, die Frage nach dem Warum im Gesicht, zuckte er leicht die Achseln und erklärte ein bisschen zögernd, dass das wohl mit der Sehnsucht nach seiner verkorksten Kindheit zu tun habe, die ihm trotzdem bis zum heutigen Tage als eine Art Paradies vorkommen würde.

Er nahm in rasantem Tempo, sportlich, wie man sagt, engste Serpentinen. Nach der Ankunft an seinem Haus führte er mich in einen großräumigen Salon, dort bot er mir einen von zwei bequemen Ohrensesseln an, nahe an einem großen Panoramafenster. Von hier aus hatte man tagsüber sicher einen wundervollen Ausblick auf die Berge und ins Tal. Dann ging er zu einem Teewagen, auf dem jede Menge Flaschen standen.

«Und für Sie?», fragte er, während er sich einen Fernet-Branca eingoss, den er sofort gierig in einem Zug hinunterstürzte.

«Wenn Sie einen Weißwein für mich hätten?»

«Grüner Veltliner?»

«Meine Lieblingsmarke.»

«Das sagt man nicht. Nicht beim Wein», berichtigte er mich, während er sich einen weiteren Fernet-Branca einschenkte.

Dann griff er nach einem wertvollen Kristallglas und einer Flasche ohne Etikett.

«Ein Geschenk des Hauses Bründlmayer. Mein Lieblingswein. Ich hoffe, Sie wissen ihn zu schätzen.»

Er nahm mir gegenüber im zweiten Ohrensessel Platz,

trank auch den zweiten Fernet-Branca, ohne das Glas abzusetzen, und sah mich an.

«Bei Tag müssen Sie hier eine herrliche Aussicht haben», sagte ich und zeigte auf das Panoramafenster, das sich über die Stirnseite des Salons zog. Dann wies ich auf das Bücherregal in seinem Rücken, das die ganze Breitseite des Raums einnahm. Neben der Unmenge von Büchern, die teils zerlesen wirkten, teils kostbare Einbände hatten, war ein ziemlich großes Fach noch halb frei, in dem, ordentlich geschichtet, lose gebundene Manuskriptstapel lagen, in denen ich Drehbücher zu erkennen glaubte.

«Sind das all Ihre abgedrehten Filme?», fragte ich in die eingetretene Stille hinein. Er schenkte sich ein und lächelte amüsiert.

«Der Adlerblick des Komödianten. Meine Filme?» Sein Lächeln wurde wehmütig. «Das sind die Angebote der letzten fünf oder sechs Jahre. Ich habe keines von ihnen gelesen.»

Ich begriff erst gar nicht, was er da sagte. Dass ein Mann, dessen Talent, dessen Charisma so einzigartig, so überragend war, dass selbst Hollywood vor ihm in die Knie ging, seine Berufung so konsequent aufgegeben haben sollte, wollte mir nicht in den Sinn.

«Aber es heißt doch, Sie hätten schon als Teenager nichts anderes als die Schauspielerei im Kopf gehabt.»

Er lachte, schüttelte den Kopf und bediente sich erneut beim Fernet-Branca.

«Nein, eigentlich wollte ich Musiker werden. Die Violine hätte mir sehr gelegen. Oder das Dirigieren. Wo aber sollte das Geld für so ein Studium herkommen? Die Mutter lehnte meinen Wunsch sofort ab und meinte, ich solle mir etwas anderes, weniger Verrücktes suchen. Wahrscheinlich glaubte sie auch nicht, dass es mir mit so einem Beruf wirklich ernst war. Ich weiß ja selbst nicht, wie ich auf den Gedanken kam. Von einem Toscanini oder Furtwängler ahnte ich damals noch nichts, ich war auch noch nie in einem Konzert gewesen.

Nur ins Theater bin ich schon gegangen. Meine geliebte Großi, meine Großmutter, hat mich ein paarmal auf die Stehplätze im letzten Rang mitgenommen. Sie schimpfte immer auf diesen ‹Rang unterm Dach›, weil die Schauspieler von dort aus so winzig wirkten. ‹Wie Käfer im Gras, vom Kirchturm aus gesehen›, hat sie immer gesagt. Meine Großi liebte ich im Grunde mehr als meine Mutter und meinen Vater zusammen. Bei den Sonntagsausflügen in die Wachau spielte ich der Mutter und der Großi dann einiges von dem vor, das ich gesehen hatte. Und die Großi staunte. ‹Das habe ich alles gar nicht sehen können von da oben›, versicherte sie meiner Mutter. ‹Der Bub hat ja Habichtsaugen.›

‹Das ist bisher aber auch das einzige Talent, das mir an ihm aufgefallen ist›, erwiderte meine Mutter kalt.

Die Frauen warfen sich daraufhin ein paar Grobheiten an den Kopf, wobei die Großi mich vehement in Schutz nahm: ‹Über den Oskar wirst du noch staunen›, sagte sie immer wieder, ‹der hat es in sich. Das spür ich.›»

Er schwieg einen Moment und hing seinen Erinnerungen nach.

«Sie hat es leider nicht mehr erleben können, meine Großi. Ich hätte sie so gern im Zuschauerraum gewusst, während ich meine großen Rollen an der Burg spielte. Ins Kino ging sie ja nicht. ‹Das ist Aftertheater›, sagte sie jedes Mal, wenn ich vorgeschlagen hab, mir mit ihr einen Film anzusehen.

An der Theaterei aber bekam ich mit der Zeit immer mehr Spaß, und ermutigt wurde ich auch. Sogar von meiner Mutter. ‹Oskars Straßentheater› nannte es die Großi, wenn ich den Passanten auf der Gasse etwas vorspielte. Sie war oft dabei und schlug die Hände vors Gesicht, damit man ihren vom Lachen verzerrten Mund nicht sah.

Meine erfolgreichste Darbietung war der hilflose blinde Bub, zu dem mir ständig neue Variationen einfielen. Ich konnte fabelhaft stolpern und sogar hinfallen. Sechs Jahre alt, klein, stockdünn, so kreierte ich meinen blinden Oskar – und bis zum heutigen Tag bin ich mir nicht sicher, ob ich es nicht dabei hätte belassen sollen. Das Theaterspielen wird doch ewig ein Beruf für Unerwachsene bleiben. Damals aber faszinierte mich die unmittelbare Nähe der Zuseher, ihre spontanen Reaktionen auf mich. Das hob mich von allen anderen ab. Es kam mir wie Zauberei vor, was ich da tat, und diese Direktheit war viel aufregender als das Spielen über die arrogante Distanz hinweg, mit der wir Komödianten auf dem Theater von den Zuschauern getrennt sind. Denken Sie: Allein in der Burg beträgt der Abstand zwischen Rampe und erster Sitzreihe mindestens zwei Meter. Zum Anfassen taugt das nicht gerade. In der Gasse jedoch, in der ich tagtäglich auf meine Mutter zu warten hatte, bis sie von der Arbeit heimkam, da fiel mir nichts anderes ein, was mir und meiner Großi im Rücken so viel Spaß brachte und die Zeit so rasch vergehen ließ. Das Mutterl gab ja nie den Wohnungsschlüssel aus der Hand. Weder mir noch der Großi.

Zum Beispiel spielte ich den Schüchternen, Blinden, der sich vor fremden Stimmen fürchtet und sich tastend an Hauswänden entlangdrückt. Von den Leuten gefragt, wo ich denn zu Hause sei, presste ich die Augen fest zu, schüttelte den Kopf, riss die Augen dann auf und schaute in die falsche Richtung. Einmal kam mir ein älteres Paar entgegen, das mich entgeistert und mit tiefem Mitleid betrachtete. Großi ging als scheinbar uninteressierte Passantin vorbei und flüsterte mir zu, dass ich die beiden in Ruhe lassen sollte. Aber dann fragten die mich, ob ich Hunger hätte. Ich schüttelte den Kopf. Dann berieten sie sich und beschlossen, mich nach Hause zu bringen, da ich ja offensichtlich blind sei und die Orientierung verloren habe.

Jetzt konnte ich nicht mehr zurück, auch wenn die Großi mich aus der Entfernung mit gespielten Drohgebärden und lautlosem Gelächter zu stoppen versuchte. Ich wandte mich von dem Paar ab und blickte kurz zu ihr hinüber. Da musste ich auch lachen, konnte es aber mit einem Weinkrampf kaschieren. Ich war selbst verwundert über die Tränen, die sofort aus meinen Augen rollten. Woran ich in dem Augenblick gedacht habe? Ich erinnere mich nicht mehr. Es wird wohl etwas Trauriges gewesen sein. Und wie ist das bei Ihnen? Können Sie aus dem Stand in Tränen ausbrechen?» Er sah mich forschend an.

Ich hielt seinem Blick stand: «Wenn es die Situation erfordert, sicherlich.»

Er nickte, als habe er keine andere Antwort erwartet, und nahm einen Schluck. «Diese Technik habe ich später auch auf die Bühne übernommen. Damals sah ich nur, dass die Großi nun wirklich erschreckt war und auf mich zulief. Ich hörte, wie das alte Paar sie beruhigte, dass sie schon mit mir zurechtkämen. Ich drehte mich wieder zur Hauswand, lachte und weinte in mich hinein und flüsterte etwas von ‹Zuhause› und ‹Strozzigasse›.

Ich tat, als ob ich in großer Aufregung wäre, tastete die Hauswand ab, und die alten Leute nahmen mich bei den Händen, führten mich behutsam über die Josefstädter Straße zur Strozzigasse hinüber und fragten mich nach der Hausnummer. Als ich glaubte, weit genug von der Großi entfernt zu sein, griff ich wieder an eine Wand. Nach ein paar Metern blieb ich stehen, rief ‹Hier, hier ist es!› und fasste an den Knauf einer Haustür. ‹Hier muss ich warten, bis die Mama von der Arbeit kommt. Sie ist nämlich eine Hutmacherin und hat viel zu tun.›

Die alte Dame strich mir kurz über die Haare, ergriff dann die Hand ihres Mannes und zog ihn fort. Offenbar ging ihr mein gespieltes kleines Schicksal zu nahe, denn sie hatte Tränen in den Augen. Beide nahmen gar nicht wahr, dass ich die Augen offen hatte und sie direkt ansah.

Das erzählte ich danach der Großi, die ich auf der

Straße wiedertraf, und sie sagte voller Staunen: ‹Du hast sie hypnotisiert. In dir steckt etwas ganz Furchtbares.› Dann nahm sie mich in den Arm, und wir gingen nebeneinanderher.

‹Weißt du eigentlich, warum wir hier in die Josefstadt gekommen sind?›, fragte ich.

‹Du wolltest dir die Bilder in den Schaukästen vom Theater ansehen›, erwiderte sie.»

Er hielt inne. Nach einer langen Pause, in der er gedankenverloren durch die spiegelnde Scheibe ins dunkle Draußen schaute, sagte er: «Eigentlich hat mir das Theater auf der Straße den meisten Spaß gemacht. Wenn ich jetzt so darüber nachdenke, war alles, was ich danach tat, nur geiles Geltungsbedürfnis und Geldmacherei. Niemals mehr hat mir etwas so viel Vergnügen bereitet wie das Spiel damals auf den Wiener Gassen.»

Er füllte sein Glas aufs Neue und schenkte, ohne mich zu fragen, auch mir nach. «Ich war ein Straßenkind und kam früh mit dem Alkohol in Berührung. Mein Elternhaus war so gut wie nicht vorhanden. In den zwanziger Jahren, als ich geboren wurde, 1922, um genau zu sein –» Er unterbrach sich und fixierte mich. «Welcher Jahrgang sind Sie eigentlich?», fragte er, sprach aber sofort weiter, ohne meine Antwort abzuwarten: «1922, das war ein Jahr vor Hitlers Putschversuch in München. Adolfs Schatten legte sich schon über uns alle. Sowohl in Deutschland als auch in Österreich. Na, bei so vielen dunklen Vorzeichen musste es bei mir doch schiefgehen. Dabei hatte ich mich so darauf gefreut, das vielgepriesene Licht der Welt zu erblicken, ich glaubte wohl, ein Paradies vorzufinden.»

Er setzte das Glas an die Lippen, trank, fing zu lachen an und verschluckte sich. Dann lächelte er traurig und trank den Rest.

Wie viele Gläser hat er sich seit unserer Ankunft eigentlich schon einverleibt?, fragte ich mich.

«Paradies», murmelte er. «Was da auf den ersten Blick so verführerisch aussieht, ist doch mehr oder weniger zum Speiben! Alles, was ich wollte, war mein Spaß und Vergnügen darüber, die Leute zum Lachen zu bringen. Oder auch zum Weinen. Und, hatten sie Spaß?

Na klar hatten sie den. Und was für einen. Mit fünfzehn Jahren kam ich einmal an der Albertina vorbei und sah, wie davor alte Frauen mit Zahnbürsten das Trottoir putzen mussten. Viele Leute standen um sie herum und brüllten vor Lachen, immer wieder deutete einer auf eine Stelle, die nicht sauber genug war, wie er meinte. Gleich sprangen ein halbes Dutzend Nazis in kackbraunen Uniformen herbei und stießen eine der Frauen mit Fußtritten zurück an jene Stelle, die nach allgemeiner Meinung übersehen worden war. Ich drängte mich durch und schrie meine Wut und mein Entsetzen heraus. Dann riss ich einer der Damen die Zahnbürste aus der Hand und begann wie verrückt, das Straßenpflaster zu bürsten. Einer der Braunen zerrte mich am Kragen hoch, warf der alten Frau die Zahnbürste wieder zu und gab mir eine mächtige Ohrfeige. ‹Ein deutscher Junge hilft diesem Kroppzeug nicht›, schnarrte er unaufgeregt. ‹Hau ab.›»

Bei dieser Erinnerung hatten sich seine Augen wütend verdunkelt. Er griff erneut zur Flasche.

«O ja, und ich hatte auch meinen Spaß damals. Wissen Sie, was mich beinahe von Anfang an gereizt hat? Ich wollte König sein. Von Kindesbeinen an. Als König hätte ich so etwas wie die Nazis nicht zugelassen. Es gibt Kollegen, die das Gegenteil antreibt, natürlich: Sie wollen alles dürfen, alles machen, nach Lust und Laune. Aber bei mir fängt der Mensch dann erst an, Mensch zu sein, wenn er sich aus freiem Willen beherrscht, ohne in Unterdrückung und Tyrannei zu leben und ohne an die Knute göttlicher Rache zu denken.»

«Glauben Sie denn an Gott?», unterbrach ich ihn.

«Schauen Sie, wer glaubt denn heute noch an diesen von uns selbst erfundenen Popanz? Er ist doch ganz offensichtlich der Phantasie frühester menschenähnlicher Kreaturen entsprungen!»

«Die Juden tun das noch zum großen Teil.»

«Nun ja, die Juden! Die haben Gott ja auch nicht getötet. Die haben ihn erfunden. Den einen einzigen. Doch der ist auch längst überholt. Hat nichts mehr zu tun mit der gewaltigen, unfassbaren Geisteskraft eines Schöpfers, der Universum, Endlosigkeit und Ewigkeit geschaffen hat. Was weiß der vom Menschen? Oder achten Sie etwa auf all das Kleingetier unter unseren Füßen? Auf die Insekten, auf die Sie treten?

Es mag schon sein, dass Jesus uns darauf aufmerksam gemacht hat. Er war ja ein Revoluzzer. Ein erfolgloser, letzten Endes. Denn um ihn, Gott, auch nur scheibchenweise zu erkennen, bräuchte man eine psychische und geistige Energie, die kein Mensch haben kann. Hierin lag auch Jesus' schwerwiegender Irrtum. Mit dem Dahingehen seiner physischen Existenz ging allmählich all das wieder verloren, was er gesät zu haben glaubte. Selbst seine Jünger, die Tag und Nacht um ihn gewesen waren, verloren ihn nach der Kreuzigung gewissermaßen aus den Augen. Und was war seine größte Qual, noch größer wahrscheinlich als die der Kreuzigung? Es war das Wissen, was er von der menschlichen Natur zu halten hatte. Sprachen seine Jünger denn noch von ihm, so wie er war? Nein, sie schilderten der Nachwelt einen Mann, den sie nach ihren Wünschen und Vorstellungen schufen. Ein göttliches Wesen. Ein Messias. Und schauen Sie sich die heutige Kirche an. Seine Stellvertretung auf Erden.»

Er verschluckte sich beinahe an seinem Fernet-Branca.

«Wo ist heutzutage auch nur der Hauch seiner Gegenwart zu spüren? Und wie kommt es, dass so viele Menschen dieser doch recht primitiven Kreation eines Gottes nachlaufen? Heutzutage, in unserer modernen Welt? Das kann einen schon krank machen. Finden Sie nicht?

Auch deshalb bin ich nach wie vor der Überzeugung, dass die Schauspielerei, dieser kindische und unerwachsene Beruf, der einzige war, der für mich in Frage kam. Wenn ich Lust hatte, mich in einen Halunken hineinzuversetzen, konnte ich eine solche Erfahrung machen. Oder auch das Gegenteil davon: Stellen Sie sich vor, Sie verweigern beispielsweise einem dritten Richard den Untertanengehorsam. Das hätte in der Realität die sofortige

Hinrichtung bedeutet, Ihren Kopf hätten Sie verloren. Für den Schauspieler dagegen bleibt alles nur Bühnenhandlung. Vielleicht würden Sie mit Ungehorsam die Kollegen zur Verzweiflung treiben, und in extremen Fällen könnte es zu Pfiffen und Protesten aus dem Publikum kommen. Peinlich wär's, mehr aber auch nicht. Das Schlimmste, das einem Komödianten geschehen könnte, wäre die fristlose Entlassung. Doch die Erfahrung, sich der Macht zu widersetzen, die hätte man erlebt. Oder, wenn man eben den Richard selber spielt, die Erfahrung, Macht auszuüben. Und wo kann man das sonst? Es sei denn, natürlich, man entschließt sich, ein skrupelloser Politiker zu werden. Aber wer will schon sein Leben mit dem Hitlers oder Stalins tauschen? Sie etwa?»

«Aber Macht hatten die Kerle, und zwar mehr als jeder andere vor ihnen. Das können Sie nicht leugnen.»

«Ja, freilich. Und durch wen? Durch die Hirnlosigkeit des Volkes und den hemmungslosen Einsatz von Gewalt. Ein König dagegen bekam die Macht von Gott, oder von sonst wem, der hinter dieser Bezeichnung steckt.»

«Glauben Sie denn an einen Gott?», fragte ich noch einmal und bemühte mich, es so beiläufig wie möglich klingen zu lassen.

«Sie sollten lieber fragen, wer überhaupt noch glaubt. Vorgeben tun es viele. Aber ernsthaft, wer sollte an diese Gebilde, das der Phantasie unserer Vorfahren entsprungen ist, wahrhaft noch glauben? Für die einen ist es die dreigeteilte Gottheit, für die anderen ein strenger Vater, dessen Namen man nur an den höchsten Feiertagen in den Mund nehmen darf. Vom griechischen und römischen Göttergewimmel wollen wir gar nicht erst reden. Und die paradiesischen Versprechungen des Islam kann man ja nicht ernst nehmen. All das hat doch nichts zu tun mit der Allmacht eines Schöpfers – für den sind doch nicht einmal Begriffe wie Endlosigkeit oder Ewigkeit existent. Mich interessiert deshalb nur die eine Frage: Wie konnten so ungeheure Menschenmassen diesen primitiven Götzen bis zum heutigen Tag nachlaufen? Bei unserem kulturellen Entwicklungsstand! Oder sollte man das Adjektiv ‹kulturell› besser weglassen? Was meinen Sie?»

Ich wollte ihm nicht widersprechen. Konnte ich es überhaupt? Er stand auf und trat dicht vor das große Fenster.

«Nein, nein», sagte er nach einer Weile. «Ich bin nach wie vor der Überzeugung, dass mein Beruf für mich der einzig stimmige gewesen ist, dass er mir eine wohltuende Unabhängigkeit, wenigstens für ein paar Stunden am Tag oder besser am Abend, beschert hat.»

«Und deshalb Ihre königlichen Lieblingsrollen?»

«Ja. Ich konnte mich dabei stets mit dem Schild der Gottgewähltheit schützen, mich insgeheim über die Masse der Schafe lustig machen, sie streicheln oder sie abschlachten lassen, wenn mir danach war, und gleichzeitig den Leuten im Parkett den ‹Spiegel vorhalten›, wie es der größte aller theatralischen Meister einmal so genial formuliert hat. Andererseits schäme ich mich dieser lebenslänglichen Beschäftigung. Denn Theater ist ja doch eher ein Spielchen für halbe Kinder, für die ewig Heranwachsenden. Finden Sie nicht? Wenn ich nach meinem Beruf gefragt wurde, hatte ich immer Hemmungen, das Wort Schauspieler auszusprechen. Auch heute noch.»

Er drehte sich zu mir herum und kam langsam auf mich zu. «Wie geht es Ihnen damit?»

Seltsam, dachte ich bei mir – ich habe ähnliche Hemmungen. Nur sind meine Gründe völlig andere. Ich schäme mich keineswegs. Im Gegenteil: Ich betrachte es als Angeberei, mich so zu titulieren.

Er wartete meine Antwort aber nicht ab: «Haben Sie eigentlich schon einmal eine der großen Rollen von Shakespeare gespielt? Sollte Ihnen das noch nicht gelungen sein, ist Ihnen der wahre theatralische Ritterschlag noch nicht zuteilgeworden.»

Er schwieg eine Weile. Es machte den Eindruck, als habe er nun gänzlich den Faden verloren. In die immer länger werdende Stille hinein fragte ich: «Wo finde ich denn hier die Toilette?» Ohne aufzusehen, erklärte er mir in knappen Worten den Weg zu jenem Ort, den wir beide in dieser Nacht noch häufig würden aufsuchen müssen.

Als ich zurückkam, griff er gerade wieder zur Fernet-Branca-Flasche und nahm seinen Monolog auf, als hätte es keine Unterbrechung gegeben.

«Wie beginnt man denn sein Leben, wenn man mit dem Namen Oskar Josef Bschließmayer auf die Welt kommt? Wenn ich heute darüber nachdenke, wäre ich am liebsten gleich wieder in den Mutterleib zurückgekrochen. Was für eine Karriere hätte man mit einem solchen Namen schon machen können, wenn man, einmal angenommen, kein Komödiant hätte werden wollen?»

Er fing hemmungslos zu lachen an.

«Politiker vielleicht? Bundeskanzler Bschließmayer? Wer hätte den denn ernst nehmen können? Nein, ich hatte gar keine andere Wahl. Zum Handwerker oder Geschäftsmann fehlt mir doch jegliches Talent. In der Schule war ich mittelmäßig bis schlecht. Zum Akademiker bin ich weiß Gott nicht geschaffen. Wissen Sie, was der Werner Krauß – Gott habe ihn trotzdem selig, auch wenn er ein dummer Nazimitläufer war – einmal sagte, als man ihn fragte, weshalb er Schauspieler geworden sei?

Er sagte: ‹Um nicht ich zu sein.› Nicht schlecht, oder? Das trifft es genau. Auch für mich. Sie haben ja all diese Schwierigkeiten nicht gekannt, so jung, wie Sie sind. Ist Degen eigentlich Ihr echter Name?»

Ich wollte ihm eigentlich nicht antworten. So wenig, wie ich ihm sagen wollte, dass ich in etlichen Shakespearestücken aufgetreten war. Auch als Hamlet, den ich schon viele Male gespielt hatte.

«Degen ja», sagte ich widerstrebend. «Aber der Vorname stimmt nicht ganz. Ich heiße eigentlich Max-Michael Degen. Michael ist mein zweiter Vorname.»

Er nickte langsam. «Den Josef habe ich ja auch weggelassen. Sie haben eher einen Namen hinzugenommen, wenn ich Sie richtig verstanden habe.»

Diesmal blieb ich ihm die Antwort schuldig. Es störte ihn nicht.

«Ich wäre bei Max geblieben», sagte er leichthin. «Mit nicht ganz sechzehn Jahren meldete ich mich zum Vorsprechen im Burgtheater an. Größenwahnsinnig, nicht wahr? Und was glauben Sie? Es klappte. Der damalige Direktor der Burg, Sie werden ihn sicher nicht mehr kennen, Müthel hat er geheißen, schleppte mich auf die Probebühne. Wahrscheinlich hatte er gerade nichts Wichtigeres zu tun. Ein damaliger Regisseur am Haus, Herbert Waniek hieß er, begleitete uns. Ich dachte, ich müsse den Othello, den Romeo und Hamlet in einem spielen.

Müthel sagte aufmunternd: ‹Fang an, mein Junge.› Mein damaliges Lieblingsstück war der ‹Prinz von Homburg›. Ich hatte es x-mal gelesen, aber ich hab nie bedacht, dass ich die Rolle auch hätte auswendig lernen müssen. Ich wählte die am besten geeignete Szene, in der der Prinz die Kurfürstin um sein Leben anfleht, und ich hoffte, dass ich sie wenigstens einigermaßen im Kopf hatte. Ich schrie, jammerte, wälzte mich auf dem Boden, schlug um mich, heulte und blieb zum Schluss liegen, völlig erschöpft. Keiner der beiden unterbrach mich.

‹Wie?›, hörte ich plötzlich die Stimme Müthels über mir. ‹Ist das alles, was Sie zu bieten haben? Sie haben ja nur markiert. Mehr haben Sie nicht drauf? Man kann Sie ja kaum verstehen. Und dieses ständige moderne Untertreiben.› Dann änderte sich sein Ton. ‹Stehen Sie auf, Sie sind engagiert. Aber eines müssen Sie sich gleich abgewöhnen. Den Kleist brauchen Sie nicht dauernd zu verbessern. Der konnte nämlich dichten.› Beide brachen in übermütiges Lachen aus und umarmten mich. Waniek, mein späterer Lieblingsregisseur, sagte mir danach, dass ich den beiden sofort großen Eindruck gemacht hätte. In dem Moment jedoch glaubte ich, nicht recht gehört zu haben. Und gesiezt hatte mich der Müthel am Ende auch.

Noch so jung wurde ich also zum Burgschauspieler. Selbstverständlich brauchte ich dazu die schriftliche Einwilligung meiner Mutter. Sie heulte auf, und als sie ihren leichten Nervenzusammenbruch überstanden hatte, sagte sie einer Nachbarin: ‹Der Bub ist verrückt, jetzt hat er durchdraht. Jetzt ham's ihn g'schafft. Er glaubt tatsächlich, er wird im Burgtheater auftreten.›»

«Und, hat sie unterschrieben?», fragte ich amüsiert.

«Darum brauchte ich sie nicht lange zu bitten. Noch lieber wäre mir gewesen, sagte ich zu ihr, auf dem Vertrag hätte ‹k. u. k. Hofschauspieler› gestanden. Hätte sich noch besser gemacht, oder?

Ein paar Wochen später, fast gleichzeitig mit der Rücksendung meines fertigen Vertrags, erhielt ich den Einberufungsbefehl zum Arbeitsdienst. Es hieß, ich hätte mich umgehend bei der zuständigen Dienststelle zu melden. Die Kleidung dafür wurde mir auch gleich zugestellt, mit derselben Post. Sie kam verwaschen und nicht ganz fleckenlos, aber mit preußischer Pünktlichkeit. Ich hatte es sofort anzuziehen, dieses schmutzig weiße Mistzeug.

Meine Mutter meinte zu mir: Seine Majestät, der k.u.k. Hofschauspieler, müsse sich doch spielend in einen Muschkoten verwandeln können. Schon von dieser ersten Uniform bekam ich Pickel, ja einen regelrechten Hautausschlag. Für mich war das eine Sträflingskleidung.

Die wurde nur noch von der späteren Wehrmachtsuniform übertroffen.

Widerwillig trat ich als Arbeitsdienstler an. Bleichhäutig und semmelblond, wie ich damals war, hoffte ich, etwas freundlicher behandelt zu werden, da ich ja einem richtigen, sozusagen ‹reinrassigen› Germanen, wie Hitlers Adolf ihn sich vorstellte, sehr nahekam. Zur Sicherheit spielte ich auch noch den Trottel, der alles falsch machte, und dachte, dass ich diesem Verein auf die Weise baldmöglichst den Rücken kehren könnte. Doch das war ein Irrtum. Man bestrafte mich für meine Ungeschicklichkeiten. Ich wurde für die Aborte eingeteilt, musste dort die Scheiße wegputzen. Die haben mich richtig sondergeschliffen.

Eine Zeitlang dachte ich ernsthaft darüber nach, wie ich mich ohne größere Qualen umbringen könnte. Aber dann, gerade im richtigen Augenblick, kam die Freistellung für das Burgtheater. Ach, noch ein Grund, dass ich es nicht bedaure, mein Leben als Mime verbracht zu haben.» Er spuckte das Wort förmlich aus und legte anschließend eine lange Pause ein. «So nennt man uns doch immer in den Blättern, die den Dreck bedeuten.»

Er schenkte sich, zum wievielten Male eigentlich?, sein Glas voll und stieß dabei das meine fast vom Tisch.

«Prost», meinte er. «Auf einen guten und ruhigen Tod im eigenen Bett», ergänzte er dann und stieß mit den Zähnen an den Glasrand. Das ergab ein seltsam metallisches Geräusch, es ließ mich an Prothesen oder anderen Zahnersatz denken.

«Wenn man beginnt, seinen Körper als alt und abstoßend zu empfinden, dann ist es Zeit. Doch noch ist es nicht so weit. Ich habe neulich in Amerika einen Film abgedreht. ‹Playback›, einen Krimi. Warum auch nicht? Mit dem Theater bin ich verheiratet, sage ich immer, aber der Film ist meine Geliebte. Im Augenblick lebe ich eben wieder mal mit meiner Geliebten. Stanley Kramer will mit mir einen Film über Solschenizyn drehen, und Jean Anouilh schreibt gerade ein Drehbuch für mich. Ich bin immer noch ein verspäteter Jüngling in seinen Fünfzigern. Etwas aufgeschwemmt, zugegeben, aber noch natürlich blond, vollhaarig und beinahe ohne graue Stellen.»

Er strich sich eine widerspenstige Strähne aus der Stirn, eine Geste, die bei jedem anderen gekünstelt aussähe, die aber bei ihm wunderbar beiläufig wirkte.

Dann nahm er einen Schluck. Fernet-Branca, dachte ich bei mir, dieses scheußliche, medizinische Gesöff. Aber vielleicht stirbt er dadurch wenigstens nicht an Magenkrebs.

Mit dem Glas in der Hand, das ihm offensichtlich Sicherheit gab, redete er weiter. «Am Theater interessieren mich nur noch die Proben. Wenn man jeden Abend dasselbe spielen muss, wird es fad. Schon bei der Premiere. Mit so einem wie Peter Handke können Sie mich jagen. Masturbierende Primaner interessieren mich nicht.

Persönlichkeit ist etwas, das man hat oder nicht hat. Wer sie nicht hat, dem wird sie auch keiner beibringen können. Leute wie Krauß, Jannings, Spencer Tracy, die fallen nicht wie die Äpfel vom Birnbaum. Was habe ich in einem Land zu suchen, wo in einer allgemein gelobten Inszenierung der Tasso dem Antonio ins Genick springt?» Er schwenkte die braune Flüssigkeit in seinem Glas und schwieg.

Es folgte eine Pause, die sich bald bis ins Unerträgliche zog, aber ich zögerte, etwas zu sagen. Ich wusste nicht, ob er meine Meinung wirklich hören wollte, und schwieg ebenfalls.

«Lesen Sie Ihre Kritiken?», fragte der Hausherr dann, ließ mir aber auch diesmal keine Zeit für eine Antwort. «Ich habe nie Kritiken über mich gelesen. Höchstens manchmal welche über mir verhasste Kollegen, wenn sie denn verrissen wurden. Eine der wenigen Freuden, die einem unser Berufsleben gönnt. Ansonsten? Für mich gibt es nur zwei Sorten von Kritikern, Schreiberlingen, diesen fragwürdigen Existenzen. Die einen können mich am Arsch lecken, und die anderen dürfen nicht einmal das. Oder interessiert es Sie, was Eunuchen über die Liebe denken?

Ich sehe schon, Sie wollen mir widersprechen. Ja, natürlich gibt es Ausnahmen. Siegfried Jacobsohn oder Julius Bab, Alfred Polgar. Die konnten oft sehr genau begründen, was dort auf der Bühne nicht funktionierte. Aber viele andere ... Kerr etwa? Er saß bei Premieren im Deutschen Theater stets auf seinem angestammten Platz in der dritten Reihe rechts und dachte sich da während der Vorstellung seine Kalauer aus. Nach Wedekinds ‹Frühlings Erwachen› schrieb er: ‹Gestern Abend im Berliner Deutschen Theater: früh-links-erwachen, abends-rechts-einschlafen.› Ein Kalauer! Ein Kerr'scher Kalauer. Zum Speiben. Gott sei Dank hat ihn das Stück vom Wedekind überlebt. Aber Sie sagen ja überhaupt nichts», rief er. «Ich rede Sie hier in Grund und Boden. Oder wollen Sie gar nicht zu Wort kommen? Das ist übrigens eine meiner Unarten. Ich kann nur wenigen Leuten zuhören, meistens nur mir selbst.»

Ich nahm mein Glas, trank und versuchte dabei, ein leises Kichern zu unterdrücken.

«Ja, lachen Sie, lachen Sie nur! Spätestens in meinem Alter werden auch Sie sich selbst jedem anderen Gesprächspartner vorziehen.»

Na, so weit auseinander sind wir nun auch wieder nicht, dachte ich. Er schwieg erneut, ich konnte ihm förmlich ansehen, wie er langsam wieder in den Erinnerungen an den jungen Bschließmayer versank. Es muss ein großer Moment gewesen sein, als er seiner Mutter den ersten Theatervertrag seines Lebens unter die Nase gehalten hat. Sie hatte natürlich unterschreiben müssen, vorher hat sie möglicherweise lange darin gelesen. Sicher konnte sie oder wollte sie es gar nicht glauben. Oder hat sie ihrem Buben diese Riesenchance vielleicht sogar geneidet?

Jetzt war ich in Gedanken versunken, und als ich wieder auftauchte, sah der Hausherr mich hellwach und höchst amüsiert an. «Prost, mein Bester. Jetzt trinken Sie endlich mal. Es gibt noch mehr davon.»

Erstaunlich leichtfüßig lief er zu einer Vitrine, durch deren Scheibe man verschiedene Flaschen erkennen konnte, professionell in der Waagerechten verstaut. Er griff eine davon, verschwand im Nebenraum, und ich konnte das Ploppen des gezogenen Korkens hören. Dann kam er im Geschwindschritt zurück, sich schon beim Laufen ein Glas füllend, das er von nebenan, war es die Küche?, mitgebracht hatte.

Ich überlegte. Hitlers Adolf musste in Bschließmayers Elevenjahren energisch hinter ihm her gewesen sein, oder vielmehr hinter seinem Blut, das eigentlich auf der russischen Erde hätte vergossen werden sollen. Dass Hitler ihn bekam, war aber mit großem Einsatz und Beharrlichkeit vom damaligen Burgtheaterdirektor verhindert worden. Mit der Begründung, dass man ja die deutsche Kultur nicht verwahrlosen lassen dürfe, wie er der Wehrdienststelle immer wieder vorgehalten hatte. Kultur, so hatte der mutige Intendant betont, sei für das Vaterland doch ebenso wichtig wie dessen waffenklirrend wehrhafte Verteidigung.

Der Hausherr setzte sich, behielt Flasche und Glas in den Händen und sah mich herausfordernd an.

«Wissen Sie denn jetzt eigentlich, wer ich bin?», fragte er, seltsam verunsichert. Offenbar war er neugierigere Gesprächspartner gewohnt. Meine Wortkargheit ließ ihn wohl denken, dass ich ihn nicht erkannt hatte.

«Wie sind Sie zu Ihrem Nachnamen gekommen?», fragte ich statt einer direkten Antwort und nippte an meinem Wein. «Es sind doch eigentlich drei Vornamen, mit denen Sie durch die Welt laufen. Der Oskar, der Josef und der Werner.»

«Den Josef habe ich gestrichen. Nicht etwa, weil es ein altbiblischer, jüdischer Name ist, sondern weil der Goebbels so hieß. Und die Wahl meines neuen Nachnamens ist eine tiefe Verbeugung vor dem größten deutschen Schauspieler unseres Jahrhunderts. Ich darf in aller Bescheidenheit sagen, dass ich mit ihm befreundet war.»

«Das hat er Ihnen aber nicht gerade vergolten. Den Ifflandring jedenfalls hat er Ihnen nicht vererbt. Den Ring an Sie – das wäre viel einleuchtender gewesen als die Vergabe an einen zwar freundlichen und charmanten, aber doch mehr oder weniger alltäglichen Schauspieler wie Josef Meinrad. Wissen Sie, was man sich in Kollegenkreisen erzählt? Er habe ihn dem Meinrad nur deswegen vermacht, weil er, als man ihn auf dem Sterbebett liegend fragte, wer denn nun den Ring erhalten sollte, nur noch antworten konnte: ‹Mein Rat …› Und dann schwieg er, weil er nämlich gestorben war. Ich nehme also stark an, dass sein Rat eigentlich Ihr Name gewesen wäre. Der Kollege Meinrad stand doch, was künstlerische Qualität und schauspielerische Leistung betrifft, weit unter Ihnen.» Aber mein anekdotischer Witz konnte ihn nicht zum Lachen bringen.

«Ja, das ist ziemlich lustig. Aber so war es nicht», sagte er trocken. Ein kleines, sehr trauriges Lächeln zog über sein Gesicht. «Nein, das war eine seiner Launen. Er konnte, bösartig schmunzelnd, die schlimmsten Beleidigungen so trocken aussprechen, als wären es rein sachliche Beurteilungen. Gott habe ihn selig – aber er war ein mieser Nazi und sehr dumm. Vielleicht schien er gerade deshalb auf der Bühne so außergewöhnlich. In unserem Metier steht einem der Verstand ja im Weg, mehr, als uns lieb ist. Vielleicht gab er mir den Ring auch nicht wegen meines Ekels vor dem braunen Gesocks und wollte mit der Vergabe einen harmlosen Kollegen und Zeitgenossen belohnen.»

Bschließmayer zog die Schultern hoch. «Wie war denn die Arbeit mit Bergman?», fragte er einlenkend. «Die Inszenierung war ja recht eindrucksvoll, aber Humor scheint er nicht viel zu haben.»

«Das lässt sich so nicht sagen», widersprach ich. «Es ist vielleicht ein anderer Humor als der, den wir im deutschen Sprachraum gewohnt sind. Es ist bei ihm oft ein sehr bissiger, zynischer Humor. Ich gebe Ihnen ein Beispiel. Im Teil nach der Pause, nach dem Beischlaf mit Julie, legt Jean die Rolle des Dieners ab und spielt den Herrn und Gebieter. Als Tochter des Schlossherrn weist ihn Julie zurück und wird von ihm prompt ins Gesicht geschlagen.»

«Das brauchen Sie mir nicht noch einmal zu erzählen. Ich habe es ja gerade mit vergnügtem Ekel bewundern können.»

«Ich weiß, aber ich möchte Ihnen erzählen, was bei den Proben passiert ist. Ich tue also, als ob, täusche den Schlag vor, und meine Partnerin protestiert. Sie möchte handfest geschlagen werden.

‹Wenn sie darauf besteht›, ruft Bergman herauf, ‹dann tu ihr doch den Gefallen.›

Ich zögere.

‹Nun knall mir doch endlich eine›, schreit sie und geht mir in dem Moment so auf die Nerven, dass ich zuschlage, und vielleicht härter, als ich ursprünglich wollte. Im Zuschauerraum, wo der Regisseur sitzt, knistert es vor Spannung. Meine Partnerin verliert das Gleichgewicht und stürzt zu Boden.

‹Das nächste Mal kann ich es besser einschätzen›, sagt sie und reibt sich die Wange.

Bergman bittet mich zu sich hinunter und fragt leise: ‹War es schön?› Dann ruft er hinauf: ‹Das war gut so, das machen wir – wenn du das aushältst? Es sieht jedenfalls sehr glaubwürdig aus.›

Dann flüsterte er mir wieder zu: ‹Das kannst du jeden Abend haben, wenn es dir Spaß macht.›»

«Und das halten Sie für Humor?», fragt er mich.

«Nicht direkt. Eher für eine Art erotischen Zynismus. Oder für die Darstellung des aufmüpfigen Proletariats gegen das ausbeuterische Adelsgeschmeiß.»

«Sie scheinen eine sehr enge Beziehung zu Ihrem Jean entwickelt zu haben.»

«Geht es Ihnen nicht so bei Ihren Rollen?»

Er antwortete nicht. Wieder eine dieser peinigenden Gesprächspausen, in der er schweigend vor sich hin soff. Ein Getränk, das doch eigentlich nur zur Beruhigung der Magennerven dienen sollte. Ich betrachtete ihn jetzt ganz ungeniert, während er in sein leeres Glas schaute.

Sein Kopf hatte sich, im Gegensatz zu seinem ausgemergelten Körper, kaum verändert, kam mir jedoch über seinen kindlich schmalen Schultern und dem schlaffen Hals unnatürlich groß vor.

«Gelang es der Theaterdirektion denn auch weiterhin, Sie vor dem Kriegsdienst zu schützen?», versuchte ich, das Gespräch wieder in Gang zu bringen.

«Nur eine Zeitlang. Dann wurde ich eingezogen, bekam diesen Zuchthauskittel und verwandelte mich – wie nennt ihr das in eurem Preußen so schön? – in den ganz normalen Schützen Arsch», grummelte er vor sich hin.

«Und genauso wurde man auch behandelt. Aber gegen die Russen musste ich noch nicht antreten. Ich machte den sogenannten Heimatdienst und wurde auf dem Exerzierplatz, dem Blutacker, bis zur Bewusstlosigkeit geschliffen. Man dachte sich Übungen von geradezu idiotischer Sinnlosigkeit aus, die weder mir selbst noch einem zukünftigen Einsatz an der Front nützlich sein konnten. Aber als die Unerträglichkeit ihren Gipfel erreicht hatte und mein Entschluss, mich umzubringen, feststand, wurde mir eine erneute Freistellung mitgeteilt. Sie können sich vorstellen, wie beliebt ich bei der Militärtruppe war. Aber das hieß noch lange nicht, dass ich auch nur ein paar Wochen Ruhe gehabt hätte. Beinahe jeden Tag hatte ich nach Probenende sofort meinen Dienst anzutreten. Beispielsweise als Kontrolleur vor U- und S-Bahnhöfen. Meine Aufgabe, Wehrmachtsangehörige, die auf den Bahnhöfen ankamen, nach Soldbuch und Urlaubsschein zu fragen, machte mir eigentlich sogar Spaß. Besonders, wenn ich arrogante Offiziere und

Feldwebel kontrollieren konnte. Allmählich bekam ich feste Bahnhöfe zugeteilt, den Meidlinger Südbahnhof und den Westbahnhof. Ich bin an der Sperre gestanden wie ein Racheengel. Am blödesten benahmen sich Stabsfeldwebel und Unteroffiziere. Einmal riss ein Stabsfeldwebel besonders weit das Maul auf. Ich stehe im Meidlinger Bahnhof an der Sperre, da kommt der mit einem jungen Mädel daher, das er dauernd an den Hintern fasst, schiebt die kichernde Frau vor sich her, zeigt die Fahrkarten und will an mir vorbei. Ich nehme Haltung an. ‹Ich bitte um Soldbuch und Urlaubsschein, Herr Stabsfeldwebel.›

‹So weit kommt's noch, dass ich mich vor Ihnen ausweise›, empört er sich.

Ich wiederhole: ‹Soldbuch und Urlaubsschein, bitte.›

Er sagt: ‹Geh mir aus dem Weg, du blöder Milchbub.›

Jetzt brülle ich: ‹Soldbuch und Urlaubsschein!›

Er: ‹Schreien Sie nicht so mit mir!›

Ich: ‹Das steht so in der Heeresvorschrift. Laut und deutlich habe ich gegenüber Vorgesetzten zu reden und ihnen bei Weigerung die Hand auf die Schulter zu legen, zum Zeichen, dass sie festgenommen sind.› Wir hatten schon Publikum. Er schaut sich um und brüllt: ‹Aus dem Weg, du Spodinudel, sonst kannst was erleben!›

Ich lege ihm die Hand auf die Schulter: ‹Sie sind festgenommen. Bei einem Fluchtversuch muss ich von der Waffe Gebrauch machen.› Damit zeige ich ihm meine Dienstwaffe.

‹Packen Sie meinen Koffer›, schreit er.

‹Ich bin nicht Ihr Dienstmann›, sage ich, jetzt ganz ruhig. ‹Nehmen Sie ihn gefälligst selbst.› Er blickt mich an wie die Kuh, wenn's donnert.

Ich wiederhole: ‹Sie sind festgenommen, Herr Stabsfeldwebel.›

Wir kommen hinaus auf den Perron. Das Mädel ist längst verschwunden.

‹Halt die Pappen, du Rotzbub, sonst kriegst eine Watschen, dass du übers Gleis fliegst.›

Ich ziehe nun meine Dienstwaffe, entsichere sie, drücke sie ihm in die Rippen und schreie: ‹Schauen Sie, dass Sie weiterkommen!› Das hätte auch meine Versetzung an die Front bedeuten können, aber ich war ja im Recht und hatte auch noch einen unbändigen Spaß dabei. Laut Dienstvorschrift hatte ich ihn mit seinem Dienstgrad anzureden und zu sagen: ‹Gestatten Sie, dass ich Sie anfasse, Herr Stabsfeldwebel.› Denn ich musste ihm ja auch noch Koppel und Pistole abnehmen. Ich habe alles exakt erledigt, und es ging auch gut.»

«Hätten Sie tatsächlich geschossen, wenn er sich noch einmal geweigert hätte?»

«Nein, natürlich nicht. Aber das konnte er doch nicht wissen. Ich hätte nicht einmal auf den Hitler Adolf schießen können, obwohl ich den wie die Pest gehasst habe. Er hat uns die Jugend versaut.

Was glauben Sie, wie froh ich war, wenn ich nach einer solchen Szene wieder in der Garderobe saß. Zusammen mit anderen Kleindarstellern, sogenannten Edelstatisten. Waren Sie das auch einmal? Durften, immerhin, einen halben Satz reden, anstatt nur stumm herumzustehen, den halben Abend lang?

Ich bekam dann ziemlich bald größere Aufgaben zugeteilt. Müthel hatte ein Auge auf mich und ließ mich immer heiklere Rollen durchstehen. Kennen Sie noch das Stück ‹Jugend› von Max Halbe? Ich habe den Amandus gegeben, einen Depperten, einen Minderbemittelten, der zu den ungelegensten Augenblicken auftrat und ständig ‹Alle Hühner, alle Hühner!› schrie. Mehr hatte ich nicht zu tun. Müthel tröstete mich damit, dass man eine ganze Hühnerherde förmlich hinter mir herflattern sehe. Sogar die Leute auf der Gasse haben mir dann manchmal ‹Alle Hühner, alle Hühner!› nachgerufen. Das Mutterl fand die Rolle unmöglich und bat mich händeringend, sie einem anderen zu überlassen. Die Nachbarn würden ihr auch schon ‹Alle Hühner, alle Hühner!› zuflüstern. Aber mir hat es Spaß gemacht. Bis zum ‹Karlos› blieb das sogar eine meiner Lieblingsrollen. Doch nach einer Weile bekam ich meinen Gestellungsbefehl, und schon wieder neue Kleidung, diesmal in Feldgrau. Noch ekligere Zuchthauskleidung. Die Theater wurden geschlossen, und es gab jetzt wirklich keinen Grund mehr, mich freizustellen. Jetzt wurde es ernst. Es ging nach Warschau, wo die Nazis gerade die Stadt planierten, während die Russen auf der anderen Seite des Flusses zusahen, wie Hitlers Adolf ihnen die Arbeit abnahm. Wir liefen dort durch Straßen, die keine mehr waren, und suchten nach polnischen Partisanen, um sie sofort zu erschießen.

‹Alles liquidieren›, brüllten uns die Zugführer zu. ‹Das

ganze Gesocks.› Wir versuchten, in die Keller zu kommen, die unter den Ruinen zum großen Teil zugeschüttet waren. Hörten mitunter schwache Hilferufe, und viele der Unsrigen schossen einfach in die Kellerlöcher hinein. Ich lief weiter. Dann gelang es mir, einen Keller freizuschaufeln. Im Dunkeln sah ich eine völlig verdreckte Frau mit zwei Kindern an der Hand auf mich zukommen. Ich habe sie mit quer gehaltenem Gewehr zurückgedrängt und den Finger an den Mund gelegt. Sie sollten auf keinen Fall schreien und sich ganz still verhalten. In stummer Panik sahen sie mich an, liefen wieder in die Kellerhöhle hinein, kamen dann aber von neuem auf mich zu. Ein paar Soldaten aus meinem Zug blieben draußen stehen und riefen, ob es da drin etwas zu sehen oder zu schießen gäbe. ‹Nur Leichen›, schrie ich zurück, während ich wieder ans Licht kletterte. ‹Müssen schon ziemlich lange drin liegen. Der Gestank ist widerlich.›

‹Typisch für polnische Leichen? Oder Juden? Die stinken höllisch.› Sie lachten und liefen weiter. Ich warf den Kindern sämtliche Pfefferminzbonbons hinunter, die ich in meinen Taschen finden konnte, und ging den anderen hinterher. Minzbonbons trug ich bei mir, um meine Stimme zu schützen. Vor dem Tod hatte ich keine Angst, dann wäre eben alles zu Ende. Aber mein Handwerkszeug beschädigen zu lassen, meine Stimme, meinen Arm oder meine Beine zu verlieren? Damit wäre ein Weiterleben, jedenfalls für mich, nicht möglich gewesen. Ich glaube, dass das der Moment war, in dem ich beschlossen hatte, irgendwann zu desertieren. Und das tat ich dann auch. Meine Frau hat mir später immer wieder große Angst eingejagt. ‹So was verjährt nicht. Niemals.› Hat sie behauptet.»

Ich betrachtete ihn lange und konnte mir einfach nicht vorstellen, dass dieses ausgemergelte Männchen mit den riesigen, ständig tränenden Augen, das jetzt nur noch stumm die Lippen bewegte und eine enorme Alkoholfahne vor sich herschob, der ich auszuweichen versuchte, dass dieser Kerl so einen Mut aufgebracht haben sollte.

Ich lehnte mich so weit wie möglich zurück, doch Bschließmayer schob den Couchtisch zwischen uns näher an mich heran und versuchte, mein fast noch volles Glas zu füllen, das ich sogleich mit meiner Hand bedeckte. Dabei lief mir der kostbare Wein über die Finger und tropfte auf Tisch und Boden hinunter.

Ich war beinahe so weit, kein Wort von dem zu glauben, was mein Gastgeber da gerade von sich gegeben hatte und was ich später für mich ‹Die polnischen Erlebnisse des Oskar Münchhausen› zu nennen pflegte.

War er überhaupt jemals in Warschau gewesen? Oder war er bei seiner Erzählung von seiner komödiantischen Phantasie überwältigt worden? Und was hatte ihm diese Phantasie nicht schon alles vorgegaukelt, das ihm nach Jahren als erlebte Wahrheit erschien?

«Man muss mit seiner Vergangenheit sehr ordentlich umgehen», sagte er leise vor sich hin, als könne er meine Gedanken lesen, «man muss sie durchforsten nach dem, was nicht hineingehört, sonst macht man sich ein völlig falsches Bild von einem selbst.

Irgendwann fließen Phantasie, Wunschdenken und Realität ineinander, sodass man gar nicht mehr erkennen kann, was was ist. Und dieses Gemenge überantwortet man dann der Nachwelt. Scheußlich.»

Er stand auf, lief zur Küche und kehrte mit zwei neuen Flaschen zurück. Die Weißweinflasche war schon leer.

«Für Sie den Veltliner und für mich den Fernet. Einverstanden? Ich muss auf meinen Magen achten.»

Er stellte die Flaschen energisch auf den Tisch, als würde er keinen Widerspruch dulden, und strahlte mich an.

Wie jung er nun wieder wirkt, dachte ich. Fast war in ihm der Jüngling zurück, der das Publikum auf der Bühne so anrühren, so mitreißen konnte. Doch seine Alltagssprache, in die sich das Wienerische immer stärker hineinfraß, nahm allmählich einen ordinären Klang an. Er lächelte freundlich, während er die Gläser füllte.

«Aber meine Wahrheiten kenne ich schon noch. Ich bin eben ein Gumpendorfer aus der Marchettigasse, mit der Toilette im Hof und der Spüle im Treppenhaus, und ich komme gerade aus Los Angeles, wo ich wieder einen Film abgesagt habe. Was für eine Spannweite, nicht wahr?»

«Enorm. Obwohl Sie natürlich nicht alle Filme abgesagt haben. Gott sei Dank.»

«Die wichtigsten aber schon.» Er hob sein Glas. «Man darf einiges falsch machen im Leben. Aber ich habe schon zu vieles falsch gemacht. Zum Wohl!»

Er stand auf und trat ans Fenster. «Bei Vollmond kann man die Bergkette und ihre schneebedeckten, glitzernden Spitzen sehen. Bis zum heutigen Tag habe ich keinen Augenblick bereut, die hiesige Umgebung nicht gegen die von Hollywood eingetauscht zu haben.»

Wenn dieses Warschau-Erlebnis wirklich stattgefunden hat, fragte ich mich, wie ist er dann nach Wien zurückgekommen? Desertiert war er doch anscheinend erst, als die Sowjets beinahe schon vor der Stadt standen. Oder hatte ich ihn falsch verstanden? 1944 hatte er Elisabeth Kallina geheiratet. Sie war zwölf Jahre älter als er und bereits eine prominente Künstlerin in Wiens Theaterlandschaft.

Als ich ihn danach fragte, bestätigte er es. Der berühmte Burgtheater-Schauspieler Raoul Aslan war sein Trauzeuge gewesen, hatte ihn jedoch darauf hingewiesen, dass die Herkunft der Kallina nicht ganz koscher sei, und augenzwinkernd hinzugefügt, dass es der jüdische Vater gewesen sei, der diese Mixtur zustande gebracht habe. Er, der hoffnungsvolle Bräutigam, habe sich aber nicht von der Hochzeit abhalten lassen, im Gegenteil, er sei sogar stolz auf das jüdische Blut seiner Frau gewesen. Doch Elisabeth hatte seinen Stolz gedämpft und ihn lächelnd darüber aufgeklärt, dass man nur über das Blut der Mutter Jüdin oder Jude ist, dass sie also ein gestandenes Wiener Madl sei.

Aslan selbst habe ihm einmal gesagt, dass er ihm eigentlich gern das Du anbieten würde. Aber das ginge leider nicht, weil es für Scherereien sorgen könnte. Er, Aslan, sei erstens selber nicht ganz koscher, und er stamme zweitens ja auch nicht gerade von den Wikingern ab mit seinem fremdländisch klingenden Namen, immer wieder würde er anecken auf den Ämtern.

Bschließmayer grinste. «Und dann hat er sein drittes Argument genannt: ‹Stellen Sie sich vor, Sie kommen am Morgen in die Kantine, die Kollegen sind beim Frühstück, und Sie rufen Servus, Raoul zu mir herüber. Das geht doch nicht.›

‹Aber Herr Aslan, ich würde doch nie Servus, Raoul sagen, sondern: Grüß dich, Aslan.›

‹Nein, das geht trotzdem nicht. Ahnen Sie denn nicht, was die ganzen schwergewichtigen Kollegen und Kolleginnen tuscheln würden? Der Liewehr, die Bleibtreu, die Retty? Die würden sagen: Heute mit der Kallina, morgen mit dem Aslan.›

‹Sind Sie denn schwul?›, fragte ich.

‹Ich hab's erfunden›, antwortete er und hakte mich liebevoll unter. ‹Warten wir also lieber das Kriegsende ab.› Aber geduzt haben wir uns auch nach dem Krieg nicht. Im Grunde war er ein sehr feiger, sehr charmanter Osmane mit einer großen Bühnenpräsenz, und er war ein überaus großer Hänger vor dem Herrn. Er dichtete ganze Zeilen, wenn ihm der Text wegblieb, selbst bei Shakespeare. Es war Schwachsinn, aber ganz hervorragend. Flüssige, stotterfreie, aber schwachsinnige Sätze. Man glaubte oft, nicht recht gehört zu haben. In ‹Was ihr wollt› fiel ihm einmal sein letzter Satz, der des übel mitgespielten Malvolio, nicht ein. Er hatte zu sagen: ‹Ich räche mich an eurer ganzen Rotte.› Er hing und hing, wie eine Kirchenglocke. Schließlich brachte er hervor: ‹Ach, ich verachte euch, ich bin ein Schotte›, kam im Abgehen an mir vorbei und murmelte halblaut: ‹Das ergibt jetzt aber gar keinen Sinn.›

Oft stellte ich mich mit dem Rücken zum Publikum und flüsterte ihm seinen Text zu, aber er verbat sich das. Die Spannung des Hängenbleibens, sagte er, gebe ihm erst den gewissen Kick, den er brauche, um in Fahrt zu kommen. Einmal fragte ich ihn, ob ihm sein ständiges Hängen nicht auch auf die Nerven gehe, vor allem wegen des lautstarken Geflüsters der Souffleuse. Er lachte: ‹Ach, wissen Sie, mein Bester, stört denn den Kapitän das Geräusch der Schiffsschraube?›

Er blieb jedenfalls einer der beliebtesten Schauspieler der Wiener. Und er riet mir, trotz der neuen Uniform, zu desertieren: ‹Der Krieg kann ja nicht mehr lang dauern, aber wenn man Pech hat, kann man auch am letzten Tag noch Arm oder Bein verlieren.›

Ich meldete mich trotz allem, vorschriftsmäßig, und wurde prompt an die Front beordert. Das war mir nun doch zu viel, das gab den Ausschlag. Ich wurde fahnenflüchtig und versteckte mich mit meiner Familie in der Nähe von Wien. Ich hatte jedoch eine ungeheure Angst vor den sogenannten Kettenhunden – kennen Sie diesen Ausdruck? Das waren Kontrolleure in Uniform, die Metallschilder trugen, die an Ketten um den Hals gehängt wurden. Zu der Zeit pflegte man kurzen Prozess mit

Deserteuren zu machen. Wer nicht nachweisen konnte, dass er Fronturlaub hatte, und den gab es eigentlich zu dieser Zeit nicht mehr, der wurde kurzerhand erschossen. Da wurde nicht lange gefackelt. Ich träumte ständig, ich müsste mich tagelang in Luftschutzkellern verkriechen, oder ich sah mich nachts im Traum mit einer schweren Kopfwunde am Boden liegen, während die Exekuteure achtlos über mich hinwegstiegen, flüchtende Zivilisten in panischer Hast über mich sprangen. Oft musste ich an einen der letzten Sätze Kleists denken …»

Er stockte, nahm einen tiefen Schluck, und sein Blick verlor sich irgendwo zwischen Erinnerung und Wirklichkeit.

Eine lange Weile saß er schweigend da, in sich versunken, körperlich anwesend und doch unendlich weit weg.

Dann straffte er sich: «Ich kann mich gerade nicht genau erinnern, aber ich bin sicher, der Satz fällt mir später wieder ein. Ich fühlte jedenfalls, wie mir das Blut aus der imaginären Kopfwunde lief, es war mir, als ob es mir auch aus Nase und Ohren strömte, ich versuchte zu schreien und wachte auf, panisch um mich schlagend. Meine Frau versuchte mit aller Kraft, mich festzuhalten, damit ich keinen verletzte, denn wir schliefen alle drei zusammen auf einer Matratze, meine Frau, meine kleine Tochter und ich. Wir hatten uns in einer kleinen Hütte in Baden bei Wien verkrochen, die einer Tante von Elisabeth gehörte. Viel Platz war dort nicht, die Umstände waren primitiv, aber die Gefahr, entdeckt zu werden, war hier ungleich geringer als in der Stadt. Und ich war heilfroh, dass ich nach den Tagen der Flucht und der ständigen Angst vor den Kettenhunden einen halbwegs sicheren Ort gefunden hatte, an dem ich mit meiner Familie zusammen sein konnte. Natürlich litt auch Elisabeth unter meinen Angstzuständen. Am liebsten hätte sie es gesehen, dass wir uns vollkommen still verhalten hätten. Aber es war nicht anders gegangen, ich hatte desertieren müssen – zur Front hatte ich, das werden Sie sicher verstehen, auf keinen Fall zurückgewollt. Lieber hätte ich mich umgebracht. Erfolgreicher, als es die Mutter jemals gekonnt hätte.»

Er lächelte grimmig. «Mein Leben war mir so gleichgültig geworden. Dazu kam noch die Angst um meine Mutter, von der ich unter diesen Umständen nichts mehr erfahren konnte. Aber mich so kurz vor Schluss noch für diesen Schwerverbrecher umbringen lassen? Nein, das wollte ich dann doch lieber nicht.

Die Russen standen schon bei Wiener Neustadt, die Geschosse fielen wie ein Platzregen, und Elisabeth überredete mich, nach Wien zurückzukehren, weil man dort die Militärkontrollen weniger zu fürchten habe: ‹Die Stadt ist riesengroß. Da läuft man seltener Gefahr, entdeckt zu werden. Außerdem ist bald Ostern, und ich will unbedingt mit der Eleonore in die Kirche.›

Elisabeth war ein tiefgläubiger Mensch. Und ich war es damals auch noch. Man hat eben geglaubt, dass es da oben jemanden gibt, der einem hilft. Das Osterfest naht also, und wir fahren nach Wien. ‹Gehst du mit in die

Kirche?›, fragt sie. Sie wollte dort als Erstes hin. ‹Sonst kannst du ja auch schon in die Herrengasse weiterfahren und die Wohnung putzen. Das Kind jedenfalls kommt mit zum Gottesdienst.›

Ich bin dann auch mitgegangen, und danach haben wir gemeinsam die Wohnung geputzt. Bis auf eine Fensterscheibe im Bad war nichts beschädigt. Erst im Nachhinein ist mir klargeworden, dass ich mit diesem Ausflug die größte und gefährlichste Dummheit meines bisherigen Lebens begangen hatte. Die Sache hätte böse ausgehen können. Denn kein Mann in meinem Alter, wenn er sich nicht gerade einbeinig auf Krücken bewegte, durfte damals in Zivil auf der Straße herumspazieren. Jeder irgendwie Taugliche hatte an der Front zu sein. Sie war ja nicht mehr weit entfernt.

Wurde man von den Kettenhunden aufgegriffen, fragten die sofort nach dem Wehrpass. Die Granaten, die wie in einem Dauerhagel auf uns niedergingen, die waren mein Glück. Die Spürhunde hatten panische Angst, getroffen zu werden.

Jede Nacht, kurz nach dem Sirenengeheul, schlichen wir uns in den Luftschutzkeller des Wiener Arsenals. Dort, so hieß es, wäre man am ehesten geschützt. Dieses riesige Museum, in dem auch das grausige Handwerkszeug der berüchtigtsten Wiener Mörder ausgestellt war, schien uns ein passender Ort für diesen Aufenthalt zu sein.

Falsch gedacht, denn die wütenden Bombenangriffe der Alliierten zerlegten nicht nur den Südbahnhof, sondern auch große Teile des Arsenals. Aber wir hatten Glück, uns passierte nichts. Danach stiegen wir über zerfetzte Leichen und rauchende Schuttberge, um wieder an die Luft zu kommen. Die Elisabeth erlitt einen solchen Nervenschock, dass ich ihr das Kind abnehmen musste.

In den letzten Kriegswochen wussten wir gar nicht mehr, vor wem wir eher fliehen sollten. Vor den Nazis? Oder vor den Russen? In der Kirche hielt sich das hartnäckige Gerücht, dass die Russen ihren Spaß daran hätten, die Kinder auf heiße Herdplatten zu setzen und derweil die Mütter zu vergewaltigen. Freilich gab es in der ganzen Stadt keinen Strom mehr. Woher hätten sie also die heißen Herdplatten nehmen sollen? Es war absoluter Schwachsinn, Gräuelmärchen der Propaganda. Aber Elisabeth hat es geglaubt, sie war oft so panisch, dass ich sie kaum beruhigen konnte.

Ich nahm ihr also die kleine Eleonore ab und riet ihr, sich im Kulissenkeller des Burgtheaters zu verstecken. An mir würden sich die Vergewaltiger doch wohl nicht erfreuen wollen, sagte ich. Obwohl, wenn es bei denen einen zweiten Aslan gäbe … Damit brachte ich sie wenigsten ein bisschen zum Lachen.

Wir trennten uns, ich besorgte etwas zu essen, und später trafen wir uns im verwüsteten Theater wieder, schliefen in den angekokelten Kulissen. Und wenn wir mal wieder nicht einschlafen konnten, versuchten wir herauszufinden, in welchen wir schon aufgetreten waren.

Gott sei Dank sind wir alle unverletzt geblieben. Und unsere Tochter konnte schlafen, wo sie lag oder saß.

Dann wollte Elisabeth plötzlich zurück in die Herrengasse. Ich war dagegen: ‹Mich suchen sie dort zuerst. Sie wissen ja sicher, dass ich bei dir wohne. Und für die Noni gibt es dort nur Maizenamehl. Der Brotlaib, den du versteckt hast, ist sicher schon verschimmelt. Wir müssen raus aus der Stadt und sehen, was wir auf dem Land organisieren können.›

Wie wir danach erfahren haben, war das Haus nur Stunden später nicht mehr da, ein Luftangriff hatte es in Schutt und Asche gelegt. Wir gingen also zu Fuß aus der Stadt. Wann immer der Beschuss nachließ und es sicher schien, haben wir am Straßenrand pausiert, und die Elisabeth hat versucht, aus ihrer Brust noch Milch zu pressen, weil die Noni so geschrien hat. Dann kam ein Tiefflieger heran, und wir sind gerannt wie die Schusterbuben.

Ein paarmal auf der Strecke haben wir uns ganzen Flüchtlingsgruppen angeschlossen. Keiner von den Soldaten, die uns begegneten, hat mich bemerkt. Ich konnte ja aussehen wie fünfzehn. Besonders, als ich so dreckert und verwahrlost daherkam.

Eine der Nächte war besonders fürchterlich. Die Flieger hatten von oben ihre Abwurfstellen mit Leuchtraketen abgesteckt, und unten schoss die Artillerie auf alles, was sich bewegte. Ich kannte mich aus, ich bin ja bei der Artillerie ausgebildet worden, sogar an der 8,8-Flak. Ich könnte noch heute das Schussgeräusch eines jeden der damaligen Geschütze unterscheiden. Für Sie dürfte das auch kein unbekanntes Terrain sein, oder? So weit an Jahren auseinander sind wir ja nicht.»

Er setzte sich, sah mich gespannt an und wartete. Ich

aber tat den Mund nicht auf. Ich dachte über all das nach, was mir der Bschließmayer bisher mit einer so hemmungslosen Wut erzählt hatte. Mir kam es wie ein Kindermärchen vor – zugegeben, ein grausames, aber doch nicht im mindesten vergleichbar mit dem, was sich zur selben Zeit in Berlin abgespielt hatte.

Denn Wien war in jeder Hinsicht glimpflicher davongekommen. Gegen Kriegsende war ich sogar einmal dort gewesen. Noch fast ein Kind, hatte ich mich einer Gruppe von Fremdarbeitern angeschlossen, die ihren Arbeitsplatz von Berlin nach Wien verlegen mussten. Jugoslawen waren es. Das war 1945. Kurz vor dem Halt im Westbahnhof wurde unser Zug von einem heftigen Luftangriff empfangen. Jeder sprang, wie er nur konnte, aus dem Zug, und versuchte, den Perron zu erreichen. Tote und Verletzte lagen quer über den Gleisen, und die Verwundeten gaben keinen Laut von sich. Es kam mir vor, als liefe ich durch luftleeren Raum. Kein Geräusch drang an mein Ohr. Dabei musste es laut gewesen sein, ohrenbetäubend laut.

«Ohrenbetäubend! Sie sagen es», wiederholte Bschließmayer. «Erzählen Sie weiter.»

Hatte ich alles, was mir durch den Kopf gegangen war, wirklich ausgesprochen? Oder konnte dieser Mann meine Gedanken lesen? Ich war unsicher und suchte im Gesicht meines Gastgebers nach einem spöttischen Ausdruck.

Aber nein. Bschließmayer war todernst und blickte mich erwartungsvoll an.

«Ich wollte das gar nicht erzählen. Es ist mir wohl von alleine herausgerutscht.»

Er lächelte schüchtern und schien mich damit ermutigen zu wollen.

Also gab ich nach und fuhr fort: «Irgendwie erreichte ich mit den Fremdarbeitern den Perron, und wir ließen uns sofort zu Boden fallen. Ehe die nächste Bomberwelle den Bahnhof erreichte. Das war's.»

«Und wo wollten Sie hin?»

«Ich hatte keine Ahnung. Die Jugoslawen wohl auch nicht. Sie wollten auf irgendeine Weise ihre Heimat erreichen. Auch Deutsche waren auf der Flucht, hatten den Krieg verloren, dennoch rechneten sich die Jugoslawen gute Chancen aus. Vielleicht ein Fehler, denn Sie wissen wahrscheinlich auch: Angeschossene Tiere sind besonders gefährlich.»

«Das waren Menschen», widersprach Bschließmayer empört.

«Nicht in dieser Situation. Die Jugoslawen jedenfalls beschlossen erst einmal, einen Puff aufzusuchen. Wenn man in dieser wüsten Zeit noch Menschen begegnen wolle, dann gehe das nur dort, meinte einer von ihnen. Ein baumlanger Kerl mit auffallend langen und dichten Augenwimpern. Wenn er sie schloss, sah es aus wie das Fallen eines Theatervorhangs.»

«Und damals kam Ihnen dann die Idee, zum Theater zu gehen?», fragte Bschließmayer und fing zu lachen an.

«Keine Spur. Ich war nur neugierig auf den Puff. Die Kerls kannten sich offenbar in Wien sehr gut aus. Sie nahmen mich, ohne viel zu fragen, in ihre Mitte und liefen mit mir die Mariahilferstraße hinunter. Einer fragte, ob ich ein Fahnenflüchtiger sei, und alle lachten. Dann standen wir vor dem Bordell.»

«Wie alt waren Sie damals?»

«Ein bisschen über dreizehn.»

«Und wie kamen Sie zu diesen Leuten, wenn ich fragen darf?»

«Meine Mutter kannte einen der Herren. Und der fand sich bereit, mich aus der Berliner Hölle herauszubringen.»

«Und was meinten die Damen, die Sie dann in Wien besuchten?»

«Sie streichelten mich wie ein Schoßhündchen. Fassten mir ans Ohr und erklärten uns, das bringe ihnen Glück. Aber das Komischste an ihnen war ihr Dialekt. Haben Sie schon einmal eine Holländerin Deutsch mit Wiener Zungenschlag sprechen hören? Die Frauen stammten nämlich aus den Niederlanden, sie lebten schon eine Zeitlang in Wien und bezeichneten sich als ‹Arbeiterinnen mit Zubringerdiensten›. Sie verdienten wohl recht gut, obwohl sie anfangs scheinbar wirklich in einer Rüstungsfabrik beschäftigt gewesen waren. Aber mit dem Ganzkörpereinsatz ließ sich weitaus mehr Geld machen.»

«Wie sahen sie denn aus?», fragte Bschließmayer skeptisch und interessiert.

«Ziemlich kompakt und stark aufgenordet, was die Haare betrifft. Das Blond ging schon fast ins Weißliche über. Aber es waren gute Mädels. Der Wimpern-Serbe lud eine von ihnen und mich in ein besseres Restaurant ein. Eins, meinte er, in dem man noch wie in Friedenszeiten essen könne. Der Wirt sei ein alter Tscheche und ließe nur nach seinen Anweisungen kochen. Was allerdings die Bezahlung betreffe, nehme er es von den Lebendigen. Und er lege Wert auf einen tadellosen Ruf. Kurz nachdem wir unsere Bestellung aufgegeben hatten, erschien der Ober erneut und bedauerte sehr, uns nicht bedienen zu können. Die Herren seien ihm immer willkommen, meinte er, aber nicht in Begleitung dieser Dame ... Wie gesagt, es täte ihm sehr leid.

‹Sie erwarten von uns doch nicht, dass wir die Dame wegschicken und uns danach ungerührt bei Ihnen den Bauch vollschlagen?›, fragte der Serbe. ‹Überlegen Sie mal.›

Wir hatten dreimal Switschkowa und Palatschinken geordert. Der Ober zuckte bedauernd die Schultern.

Der Wimpern-Serbe stand auf. ‹Dann eben nicht›, sagte er mit leiser Empörung, und wir verließen das Lokal. ‹Schade, schade›, sagte er. ‹Das Fleisch von der Switschkowa zerfällt auf der Zunge, und der Palatschinken, hauchdünn, mit Sahneeiscreme und Zwetschgenmus gefüllt, ist eine Klasse für sich.›

Anschließend, in einer Weinstube, in der wir, unter anderem, einen völlig ungenießbaren Wein in uns hineingossen, sah unsere Begleiterin uns glücklich an und sagte, dass sie uns das nie vergessen werde. So respektvoll sei sie schon lange nicht mehr behandelt worden.

Sie wollte sich unbedingt revanchieren. Mit Theaterkarten, überlegte sie kurz. Dort sci man ja nicht derart empfindlich. Aber dann fiel ihr ein, dass die Theater natürlich geschlossen waren und es bis zum Kriegsende blieben; aber irgendetwas würde ihr schon noch in den Sinn kommen, womit sie uns eine Freude machen könne.

‹Interessieren Sie sich denn für das Theater?›, fragte ich sie und hätte mir im gleichen Augenblick auf den Mund schlagen können.

Aber sie erwiderte freundlich, dass auch Huren kulturelle Bedürfnisse hätten. In Amsterdam gäbe es viele Theater, Galerien und Museen. Ob ich denn schon einmal etwas von Rembrandt oder van Dyck gehört, ob ich irgendwann in die Schriften von Spinoza hineingeschaut hätte?

‹Spinoza war Jude und kein Holländer›, verbesserte ich sie. ‹Er stammte aus Spanien und flüchtete vor den Antisemiten nach Holland.›

‹Du scheinst ja ein ganz helles Herzchen zu sein.› Dabei fuhr sie mir mit ihren großen, fleischigen Händen durch die Haare.

‹Er konnte gut schreiben›, lenkte ich ab. ‹Selbst ich konnte ihn leicht begreifen.›

Sie nickte. ‹Das konnten die Juden doch schon immer gut.›

Plötzlich betrachtete sie mich sehr aufmerksam. ‹Gott sei Dank lebt er nicht in der heutigen Zeit. Glück muss der Mensch haben.› Von da an ließ sie mich nicht mehr aus den Augen, wenn wir bei ihr vorbeikamen.»

Nach einer langen Weile fügte ich hinzu: «Mehr will ich vorerst nicht von mir erzählen. Schauen Sie mich, bitte, nicht so erwartungsvoll an.»

«Ich hatte den Eindruck, dass Ihnen das Spaß gemacht hatte. Oder besser gesagt: Es schien mir eine Art Erleichterung für Sie zu sein, oder?»

Bschließmayer schien seine Alkoholsucht auf einmal vergessen zu haben.

«Wieso haben Sie jetzt eigentlich Werner als Ihren dritten Vornamen gewählt?», fragte ich, weniger aus echter Neugierde als vielmehr, um vom bisherigen Thema abzulenken. «Das haben Sie immer noch nicht richtig beantwortet.»

«Das fragen Sie ernsthaft? Jeder, der mich noch einigermaßen in Erinnerung hat, weiß, dass ich engstens mit Werner Krauß befreundet war», rief Bschließmayer. «Und von einem Kollegen wie Ihnen erwarte ich das zuallererst.»

«Schon, schon, aber Krauß hat doch ein paar ganz widerwärtige Dinge angerichtet. Denken Sie nur an den ‹Jud Süß›.»

«Eine geniale Leistung», warf Bschließmayer ein. «Oder finden Sie nicht? Fünf der verschiedensten jüdischen Typen so korrekt auseinanderzuhalten und ein Jiddisch zu sprechen, das jedem galizischen Juden Ehre gemacht hätte. Sein Nazitum aus Berufsangst war doch gar nicht ernst zu nehmen.»

«Dennoch hat er viel Unheil damit angerichtet. Gerade Sie müssten sich doch damit beschäftigt haben. Es ist doch allenthalben bekannt, dass Sie die Nazis aus tiefster Seele gehasst haben.»

«Ja, das war blöd von ihm. Ich hatte mir wieder und wieder vorgenommen, ihn deswegen zur Rede zu stellen. Ich ging sogar einmal eigens ins Theater, um ihn nach der Vorstellung zu beschimpfen, ihm an den Kopf zu werfen, dass er ein dämliches, charakterloses Schwein sei. Aber glauben Sie, ich hätte das wirklich fertiggebracht? Ich kam zu früh ins Theater, schlich mich zur Bühne und sah ihm aus der Nullgasse heimlich zu. Wie gesagt, er war ein erstaunlicher politischer Idiot, ein Analphabet, vielleicht sogar ein Autist. Aber auf der Bühne war er der liebe Gott persönlich. Der größte Schauspieler deutscher Zunge, der größte seiner Generation, seines Jahrhunderts.

Einmal, nach dem Krieg, im Café Hawelka, kam die Stunde, in der ich mich offen zu meinem Hass auf alles Braune bekannte. Wir redeten über Wagner und kamen so auf Hitlers Adolf zu sprechen. Ich gestand ihm, dass ich jeden Abend darum beten würde, ihn und seine Schergen in der Hölle braten zu wissen und mich an ihrem Gejammer zu weiden.

Krauß schlug mir auf die Schulter, umarmte mich und stimmte mir in allem völlig zu. Diese Nazizeit sei doch für alle eine Qual gewesen. Auch für ihn. Und im ‹Jud Süß› habe er nur deshalb mitgewirkt, weil ihn die Aufgabe so gereizt habe.

‹Charaktere aus einer völlig fremden Seelenlandschaft stammend, stell dir das vor. Mit allem Drum und Dran, an Sprache, Gestik und Verhaltensweisen, die, das wirst du mir doch zugeben, einen schon immer sehr merkwürdig berührt haben.›

‹Und deshalb darf man sie ausrotten?›

‹Natürlich nicht›, warf er ein. ‹Du hast schon recht. In mancher Hinsicht waren die Nazis schon ziemliche Verbrecher.›»

Bschließmayer schwieg lange, griff dann wieder zum Fernet-Branca. Ich dachte mittlerweile darüber nach, wie ich so schnell als möglich aus diesem Haus verschwinden könnte.

«Ich weiß auch, wie er in meiner Abwesenheit über mich sprach. Er soll mich öfter einen ‹geistig Halbwüchsigen› genannt haben, der sein Talent nur der Wahllosigkeit des Schöpfers verdanke. Aslan hat mir das später einmal gesteckt, als ich aus Amerika zu einem Kurzurlaub nach Hause kam. Aber wenn wir zusammen waren, spielte er sich als mein väterlicher Freund auf.

Auch deshalb war ich fest davon überzeugt, dass er mir den Ifflandring vermachen würde. Den Ring des großen Schauspielers August Wilhelm Iffland, der den Franz Moor in der Uraufführung von Schillers ‹Räuber› spielte. Statt meiner hat ihn dann ein mittelmäßiger Kasper bekommen, der sein Leben lang um die Gunst seines mittelmäßigen Publikums gebuhlt hat. Ich habe sehr darunter gelitten, bin aber trotz allem, wenn ich einmal nach Wien kam, jedes Mal treu an das Grab von Krauß gepilgert.

Aber Sie haben natürlich recht. Er war ein beschränkter Komödiant und ein großer, böser Theatergott.

Wussten Sie, dass ich ihm meine erste klassische Titelrolle verdanke? Den Don Karlos. Man hatte mir hinterbracht, dass es sein ausdrücklicher Wunsch gewesen sei, mich mit der Titelrolle zu besetzen. In welchen Stücken er mich vorher schon gesehen hatte, wusste ich nicht. In Wahrheit wollte er sich dem Publikum sicher nur noch einmal in seiner Lieblingsrolle präsentieren, als König Philipp. Ich nehme an, dass der Schiller deshalb auf den Spielplan kam.

Ihm zuzuschauen und mit ihm zusammen nach den vom Dichter nicht beschriebenen, aber doch vorhandenen Charaktereigenschaften der jeweiligen Figuren zu fahnden, diese herauszuarbeiten, das war sensationell. All dies ans Tageslicht, oder besser ins Rampenlicht der Bühne zu locken, im Grunde hinzuzudichten, was einem alles eingefallen war – für mich waren das die entscheidenden Lehrstunden meiner Laufbahn. Verstehen Sie das?

Wenn ich mit mir haderte, beruhigte er mich und sagte immer: ‹Man muss warten können, warten, bis die Blasen aufsteigen aus den Tiefen des ureigenen Innenlebens.› So sprach er. Ein bisschen hölzern, aber ich verstand ihn sofort.

‹Manchmal steigen die Blasen erst nach der Premiere auf, oder auch erst nach einer gewissen Anzahl von Vorstellungen. Manchmal kommen sie gar nicht, oder erst nach Jahren, wenn man die Texte schon längst vergessen hatte. Erst dann wird einem plötzlich klar, dass man die Zuschauer die ganze Zeit angelogen hat.›

Krauß äußerte sich nur in solchen Bildern. Und so spielte er auch. Mitunter, wenn wir gemeinsam auf der Bühne standen, sahen wir uns an, und es entstand eine nicht vorgesehene, lange Pause. Sie griff auf das Publikum über, und wir fühlten beide die Atemlosigkeit, mit der es unser Spiel verfolgte.

Krauß formulierte dann tonlos, nur mit den Lippen, das Wort ‹Blase›, und die ganze Szene schien sich plötzlich neu zu entwickeln, ohne unseren Willen, ohne dass wir etwas dazu tun mussten. Dieses geheimnisvolle Einverständnis zwischen uns schuf eine ganz besondere Atmosphäre und warf einen eigenartigen Glanz über uns, der sich über die ganze Bühne ausbreitete.

‹Das ist der Moment, in dem der Schauspieler über den Dichter hinauswächst›, rief er, wenn wir später in der Kantine saßen. ‹Man muss nur warten können. Für mich kündigt ihn stets ein Geiger an, der hinter mir steht und virtuos die merkwürdigsten Melodien fiedelt. Ein jüdischer Geiger, mit Bart und Schläfenlocken. Aber das ist individuell verschieden. Wer weiß, wer sie bei dir ankündigen wird. Das Hirn kann einem bei diesem Prozess kaum helfen. Da mischen andere Kräfte mit, die befreit werden wollen, da muss man das ganze intellektuelle Herumgestammel über Bord werfen.› So hat Krauß es erklärt.»

«Sie sind aber doch auch anderen Größen unserer Branche begegnet», warf ich ein. «Worin bestand beispielsweise der Unterschied zwischen Krauß und Charles Laughton, wenn Sie mit ihnen arbeiteten?»

«Laughton war kein Nazi», erwiderte Bschließmayer blitzschnell. Sein Gesicht hatte sich in rasanter Weise verändert. So, als ob sich seine Mienen nicht zwischen Ekel und widerwilliger Bewunderung entscheiden könnten. In seinem Inneren schien ein Kampf zu toben, der für einen Augenblick sein ganzes Aussehen verwandelte. Er griff nach seinem Weinglas und stürzte, ohne dass sich sein Kehlkopf bewegt hätte, den Inhalt hinunter. Dann erst entzerrte sich sein Gesicht langsam, und er wurde wieder ruhiger.

«Wie kann ein so genialisch veranlagter Mensch, der schon von Berufs wegen ständig und intensiv mit der menschlichen Psyche zu tun hat, sich einer zutiefst unmenschlichen Clique anbiedern? Ich verstehe es einfach nicht. Der Verstand scheint bei ihm überhaupt keine Rolle gespielt zu haben. Einmal hat er mir von einem Probenerlebnis erzählt, das ihn dahin gebracht hat, das Hirn fortan nicht mehr zum Handwerkszeug künstlerischer Kreativität zu zählen. Wollen Sie die Geschichte hören?»

Ich nickte.

«Ja? Na schön. Krauß hatte in Berlin den König Lear zu proben begonnen. Aber er fand selbst nach längerer Zeit einfach keinen Zugang zum Rollencharakter. Er hatte zwar eine Vorstellung davon, aber er ertappte sich ständig beim Schwindeln und Verstellen. Er dachte, verstanden zu haben, was er nicht glaubwürdig darstellen konnte und was ihm auch sein Regisseur, ein berühmter

Mann, nicht erklären konnte. Vielleicht haben Sie noch von ihm gehört? Jürgen Fehling, ein bedeutender Spielleiter, vielleicht der bedeutendste seiner Zeit. Doch Fehling griff nicht ein. Er, der sonst lautstark tobte und die Komödianten gern als hirnlose Trottel beschimpfte, unterließ alle Ratschläge. Er tat, als gäbe es keine Probleme, und sah seelenruhig den Qualen seines Schauspielers zu, der oben auf der Bühne herumturnte.

Seinem Regieassistenten, der dem Ganzen fassungslos zusah, erklärte er flüsternd: Man müsse bei Krauß nur warten. Hirn sei auf seiner Speisekarte gestrichen. Die Organe, mit denen er arbeite, seien grundverschieden von denen, die andere gebrauchen würden.»

«Man musste also einfach nur warten?», fragte ich. «Auf die Blasen?»

«Auf die Blasen. Und machen Sie sich nicht lustig über ihn. Beinahe jeder bedeutendere Schauspieler braucht eine besondere Behandlung durch seinen Spielleiter. Und es ist dessen Aufgabe, die passende zu finden.

Bei Krauß brauchte man einfach sehr viel Geduld, bis dann die Eingebungen, die Blasen also, kamen. Aber bei diesem Lear blieben sie aus. Krauß verlegte sich auf das Memorieren des Textes, nudelte ihn eintönig herunter und wartete sehnsüchtig auf die Theaterferien, um in sein geliebtes Niederbayern zu entfliehen. Als die neue Spielzeit begann, stand er wieder auf der Bühne, mit Gamsbart am Bayernhut und einem Spazierstock mit den üblichen kleinen Blechschildchen, auf denen die Stationen seiner ausgiebigen Wanderungen zu erkennen waren.

Schon nach der ersten Probe verlor Fehling die Geduld und flüsterte seinem Assistenten zu, dass er wohl die Theaterleitung darum bitten müsse, sich nach einer zweiten Besetzung umzusehen. Die Theaterleitung hieß Gustaf Gründgens, kam in den Zuschauerraum und sah ebenfalls entgeistert der Krauß'schen Quälerei zu.

Krauß war gerade beim großen Monolog auf der Heide angelangt, in dem Lear in seiner Verzweiflung den Verstand zu verlieren scheint. Er fuchtelte vollkommen sinnlos mit seinem bayerischen Spazierstock herum, da hörte man plötzlich unten ein nervtötendes, scheußliches Geräusch, ähnlich einem Topfkratzer.

Die Stahlspitze seines Spazierstocks war abgebrochen und in den Metallschienen der Drehbühne hängen geblieben. Dort quietschte sie nun. Krauß lauschte jetzt, ohne weiterzusprechen, dem Geräusch nach und zog den Stock hinter sich her. Rundum wurde es totenstill, und Fehling griff nach der Schulter des Assistenten. ‹Pass auf. Was du jetzt sehen wirst, ist eine Sensation.›

Krauß war, beinahe liegend, das eine Ohr fast am Boden, dem Kreischton nachgeschlichen, und man konnte zusehen, wie sich von einer Minute zur anderen sein ganzer Körper veränderte. Sein Mienenspiel, sein Gestus, all das schien plötzlich einem anderen Menschen zu gehören. Er richtete sich auf und wuchs, so schien es den Zuschauern, weit über sein normales Körpermaß hinaus. Und dann begann er, den Text zu sprechen, ganz leise.

Es muss überwältigend gewesen sein. Gründgens fragte flüsternd, wer hier denn von der Notwendigkeit einer anderen Besetzung gesprochen habe, und verließ umgehend den Raum.

‹Dieses Chamäleon›, schimpfte Fehling nach der Probe, ‹er hat es wieder gepackt.› Bis zur Generalprobe ließ Krauß seinen Spazierstock nicht mehr los. Erst danach stellte er ihn achtlos in der Garderobe ab.»

«Die Blasen hatten ihn also im Stich gelassen, und der Bayernstock war mit seiner Stahlspitze für sie eingesprungen? War der Zweite Weltkrieg zu der Zeit schon ausgebrochen?», fragte ich.

«Das ist nicht komisch», brüllte Bschließmayer unvermittelt los. «Das ist hämisch, bösartig und respektlos und steht Ihnen nicht zu!»

«Warum sollte ich einem Nazi, noch dazu einem toten, Respekt erweisen?», erwiderte ich grinsend. «Wenn Sie das tun, ist es Ihre Sache. So verliebt in den Beruf wie Sie bin ich nie gewesen. Ich entschuldige Taten wie die, die diese Leute begangen haben, nicht. Auch wenn sie sich noch so genialisch gerieren.»

Ich sprach die Wörter ‹genialisch› und ‹gerieren› sehr gedehnt und verachtungsvoll aus, und ich erwartete, dass er mich nun umgehend aus dem Haus weisen würde. Aber er schwieg, und sein Kopf sank auf die Tischplatte herunter.

«Hat er eigentlich mal erklärt, weshalb es ausgerechnet ein ‹Judengeiger› war, den er hinter sich hörte?»

Bschließmayers Kopf zuckte hoch, und seine Augen forschten in meinem Gesicht nach etwas, das er vielleicht schon leise geahnt hatte. Beiläufig gestand er mir, dass er sich nach mir erkundigt hatte, bevor er entschlossen war, eine meiner Vorstellungen zu besuchen.

«Sie sind jüdischer Herkunft, nicht wahr?», fragte er vorsichtig.

«Beantworten Sie, bitte, zuerst meine Frage. Was hatte es mit dem jüdischen Geiger hinter ihm auf sich, der ja anscheinend nötig war, um ihn zu diesen Höchstleistungen anzutreiben? Das wird er Ihnen doch wohl erzählt haben.»

«Ich weiß es nicht», schrie er gequält. «Ich weiß es nicht!»

«War es vielleicht sein permanent schlechtes Gewissen, das auf diese Weise bei ihm anklopfte?», beharrte ich.

Er antwortete nicht, sondern stand auf. Nachdem er mir den Rücken zugewandt hatte, wiederholte er seine Frage: «Sind Sie nun jüdischer Herkunft oder nicht?»

«Vermuten Sie das, weil ich Ihren Liebling als einen finsteren Antisemiten beschrieben haben wollte, und zwar von Ihnen?»

«Ich habe ihn bereits als einen politischen Analphabeten geschildert. Damit bin ich Ihnen doch, denke ich, weit entgegengekommen.»

«Wenn es Sie denn beruhigt, ja, ich bin einer von den Übriggebliebenen. Das ist aber nicht der Grund, weshalb ich den Kerl nicht ausstehen konnte. Wenn Sie wollen, erzähle ich Ihnen etwas, das ich vor vielen Jahren mit ihm erlebt habe. Oder gehe ich Ihnen damit auf die Nerven?»

Er hob nur kurz die Hand zum Zeichen des Einverständnisses.

«Ich war am Mannheimer Nationaltheater engagiert und erwartete meine Mutter, die von einem längeren Aufenthalt aus São Paulo nach Deutschland zurückkehrte. Ich hatte sie in Bremen abgeholt, und nach unserer Ankunft in Mannheim schaute sie sich als Allererstes mit leiser Verachtung unseren Spielplan an.

Provinz, dachte sie, was kann da schon Interessantes zu sehen sein? Doch dann leuchteten ihre Augen auf. ‹König Lear›, rief sie, ‹ein Gastspiel mit Werner Krauß. Das könnt ihr euch hier leisten? Das will ich unbedingt sehen.›

‹Mutter›, sagte ich, ‹ich habe diese Aufführung schon in Düsseldorf gesehen. Noch einmal tue ich mir das nicht an.›

Damals hatte ich mit großer Mühe eine Karte ergattert, war hingefahren und musste zusehen, wie sich ein alter, müder Kerl über die Bühne schleppte und den kostbaren Text monoton nölend herunterbetete. Es war eine Zumutung. Den einzigen positiven Eindruck an diesem Abend hatte ich von einigen wenigen mutigen Zuschauern, die leise fluchend das Theater verließen. Ich selbst musste bis zum Ende ausharren, da ich mit einer Steuerkarte hineingekommen war, die fast nichts kostete. Es hätte den Kollegen, der sie mir besorgt hatte, beleidigt, wenn ich gegangen wäre. Also erklärte ich meiner Mutter: Wenn sie darauf bestünde, würde ich ihr eine Karte für die hiesige Vorstellung besorgen, aber mitgehen würde ich bestimmt nicht.

‹Aber du kannst mich doch nicht allein gehen lassen›, rief sie entrüstet.

‹Na schön›, gab ich nach, ‹das Ganze dauert sowieso nur knappe zweieinhalb Stunden. Wahrscheinlich hat er eine Menge Striche gemacht, weil er danach schnell in die Kneipe will.›

Sie hatte mich also überredet, ich begleitete sie, und wir saßen sehr weit vorn. Ich fürchtete mich ein bisschen davor, dass es ihr ebenfalls nicht gefallen könnte, denn ich wusste, wie spontan sie in solchen Fällen reagieren konnte. In Berlin hatte sie meinen Bruder und mich einmal ins Deutsche Theater zu einer Aufführung des ‹Faust› eingeladen, in der Gustaf Gründgens spielte. Mutter, immer schon ein großer Fan von Gründgens, war in der Nazizeit oft heimlich ins Staatstheater geschlichen, um sich eine Aufführung mit ihm anzusehen. Nun saßen wir also in der ersten Reihe und erwarteten den Prolog im Himmel. Da trat ein Mann mit teuflisch verzerrter Miene auf die Bühne, raunzte seinen Disput mit Gott lieblos herunter und wandte dabei dem Publikum auch noch den Rücken zu. Meine Mutter, wütend und enttäuscht, sagte laut, mitten im ausverkauften Haus: ‹Meine armen hundertfünfundsiebzig Mark.›

Dem Mephisto oben fuhren ihre Worte wie ein Dolch in den Rücken. Aber mein Bruder rutschte vor Scham auf seinem Sessel herum, und ich fing an zu kichern. Immerhin, sie hatte ja ganz recht.

Doch dieses Mal kam es nicht so. Anders als in Düsseldorf sah ich keinen müden, alten Kerl, der auf der Bühne umherschlurfte und seinen Text ohne Punkt und Komma herunternölte. Die ersten Worte zwischen Kent und

Gloster waren gefallen, da trat Lear auf – und Shakespeares wunderbare Worte perlten wie glitzerndes Wasser aus seinem Mund.

Da stand ein Mann, er schien ein Riese zu sein, und ich dachte: Ist das die zweite Besetzung? Aber nein, es war Krauß.

Keine Spur von dem lustlosen, alten Nöler, den ich kürzlich in der gleichen Rolle gesehen hatte. Krauß verbreitete in seiner königlichen Haltung eine mitreißend erhabene Atmosphäre, ließ die Zuschauer daran teilhaben und fiel nur ab und zu in leicht verwirrende, kleine Abwesenheiten, aus denen er sich aber stets gleich wieder herausriss. Der jähzornige Ausbruch gegen seine jüngste Tochter kam so unvermittelt, so voller tierischer Wut, dass nicht nur Cordelia und die bei ihr Stehenden, sondern auch wir im Zuschauerraum zusammenzuckten. Und erst das Ende, als Lear mit seiner toten Tochter auf den Armen nach vorn zur Rampe wankte – ein wahnsinnig gewordenes, altes Kind, dem man sein Lieblingsspielzeug zerstört hatte. Es war schlichtweg überwältigend.

Schweigend fuhren wir nach Hause – die Vorstellung hatte an die drei Stunden gedauert –, und meine Mutter fragte mich nach einer Weile leise und vorsichtig: ‹Bist du sicher, dass du den richtigen Beruf gewählt hast?›»

Mein Gastgeber lachte hell auf.

«Ja wie, sind Sie denn zufällig zum Theater gekommen?», fragte er, nachdem er sich beruhigt hatte.

Ich versuchte, ihm in die Augen zu schauen, doch er

ließ mich nicht, er starrte nach unten, das Gesicht fast auf der Glastischplatte.

«Nein», erwiderte ich, und seine Haltung kam mir ziemlich albern vor.

«Mich haben schon mein erster und mein zweiter Theaterbesuch dazu gebracht», sinnierte er. «Wenn ich jetzt so darüber nachdenke, war das Theater für mich von Anfang an mehr ein Museumstempel als eine lebendige Kunstsparte. Vielleicht kann sich das Theater deshalb im Grunde keiner Entwicklung, keiner kulturellen oder politischen Richtung anschließen.

Der Film dagegen platzte doch vor Vitalität! Er bedeutet Streit, Lust am Kampf und Kritik an allem. Denken Sie nur an Eisenstein, an die Filme über Sacco und Vanzetti, die beiden Einwanderer, die des doppelten Raubmordes angeklagt waren. Der Fall ist bis zum heutigen Tag nicht geklärt, damals erregte er weltweites Aufsehen. Denn trotz der mehr als problematischen Beweisführung wurden die beiden 1927 auf dem elektrischen Stuhl hingerichtet. Erst fünfzig Jahre später, im Sommer 1977, hat sie der Gouverneur von Massachusetts rehabilitiert.»

«Davon würden sie allerdings ohnehin nicht mehr viel haben», sagte ich.

Er überhörte meinen Einwurf. «Der Prozess war zu einem ewigen Schandfleck der amerikanischen Justiz geworden. Doch der Film, den Montaldo 1971 darüber drehte, hat den Fall noch einmal gehörig aufgerührt.

Das Theater dagegen steht stets mit beiden Beinen in der Vergangenheit. Es wagt höchstens einen schwachen

Bezug zur Gegenwart, indem man Shakespeare in Sakko und Krawatte spielt, als wolle man sagen: ‹Seht, was heute in der Welt passiert, das erzählt das Theater schon immer!›»

Beim letzten Satz schlug er einen so lächerlich dramatischen Ton an, dass ich glaubte, er mache sich über alles lustig. Er breitete die Arme aus, drückte den Kopf flach auf die Glasplatte und flüsterte so intensiv, dass er das Glas mit seinem Atem einnebelte.

«Jetzt übertreiben Sie aber maßlos, Oskar», widersprach ich. «Sind Ihnen denn nie Autoren wie Carl Zuckmayer, Tankred Dorst oder Rolf Hochhuth untergekommen?»

«Ich rede von ernsthaften theatralischen Arbeiten», unterbrach er mich, plötzlich so wütend, dass ich staunte, wo er aus dem Stand diese Wut hernahm, «und nicht von solchen Spompernadeln, wie Sie sie hier aufzählen.»

Er richtete sich auf.

«Und die ‹Flüchtlingsgespräche› von Brecht? Sind das auch Spomper- … wie nannten Sie das?» Auch ich geriet jetzt langsam in Erregung.

«Ein guter Text», entgegnete er, gleich viel sanfter, und wieder bestaunte ich sein rasches Umschalten, «aber kein Theaterstück.»

«Was Sie über Schauspieler denken, die noch keinen Shakespeare gespielt haben, das meine ich über Kollegen unserer Generation, die noch keinen Brecht gespielt haben: Die sind alle Spompers.»

«Sehr schön», rief er lachend. «Ein Spomper. Ich bin begeistert. Sie sind ein Wortschöpfer, oder besser, ein hervorragender Wortverkürzer. Kommen Sie nach Wien und arbeiten Sie dort weiter daran.»

Es entstand eine lange Pause, in der nun auch ich ein paar Schlucke vom Grünen Veltliner trank.

Ein herrlicher Wein, dachte ich. Je länger man ihm nachschmeckt, desto vielfältiger wird er.

«Ich habe noch mehr davon.» Er konnte scheinbar wirklich Gedanken lesen. «Neben der Küche gibt es eine geräumige, kühle Kammer. Dort bewahrt mein Haushälter alles auf, was nicht in den Kühlschrank gehört. Schon gar nicht dieser Wein.»

Ich hob mein Glas und trank ihm zu.

«Aber ich habe Sie unterbrochen. Was hat Sie denn nun zum Theater gebracht?», fragte er weiter.

«Auch bei mir waren es zwei Aufführungen. Die des ‹Urfaust› und des ‹Hamlet›.»

«Da dürfte es keine großen Überredungskünste gebraucht haben. Wo und mit wem?»

«In Berlin. Meinen ersten ‹Faust› im Deutschen Theater hatte ich ja nicht zu Ende sehen können, es war der mit der lautstarken Bemerkung meiner Mutter gleich zu Beginn. Wir verließen dann ziemlich bald das Theater.»

«Hat man Sie rausgeworfen?»

«So in etwa.»

«Wahre Kritik will eben niemand hören», rief er gut gelaunt. «Und wo wurde der ‹Urfaust› gegeben?»

«Im Festsaal einer Gaststätte. Kennen Sie Berlin? Es war in Zehlendorf, eine feine Gegend. Ziemlich weit draußen. Jürgen Fehling hatte den Raum gemietet und ihn zu einem Theaterprovisorium umgebaut. Der Vorhang wurde an einer Stahldrahtleine gezogen. Das quietschte elendiglich, wenn man ihn bediente. Das taten die Spieler selbst, es gab keine Bühnenarbeiter, nicht einmal einen Inspizienten, glaube ich. Es roch wie ein Gastspiel auf dem Dorf. Dann aber, als der Vorhang zu beiden Seiten weggedrückt worden war, beleuchtete ein vorzügliches Bühnenlicht die Szene, und es begann das große Staatstheater.»

«Wer spielte denn?», fragte Bschließmayer ungeduldig.

«Den Faust gab ein Herr Konrad Wagner.»

«Kenne ich nicht.»

«Ich kannte ihn auch nicht. Ein bisschen sehr langweilig. Dann aber trat O. E. Hasse als Mephisto auf, und später Joana Maria Gorvin als Gretchen. Die beiden waren ungeheuer aufregend. Die Übrigen habe ich so gut wie vergessen.»

«Schande über Sie», schrie Bschließmayer. «Wer war der Schüler?»

«Der Student, meinen Sie. Im ‹Urfaust› ist er ein Student.»

«Ich war einmal der Schüler. Im ‹Faust›», bekannte er leise. «Ich war damals noch nicht so benebelt wie im Augenblick. Sind Sie auch schon besoffen? Ich könnte uns einen starken Kaffee machen. In Los Angeles haben mich viele amerikanische Kollegen nur wegen meines guten österreichischen Kaffees besucht.»

«Kein Wunder, der amerikanische Kaffee erzeugt ja auch Magenkrebs.»

«Kaffee oder nicht Kaffee?»

«Das ist hier die Frage», erwiderte ich, um ihn etwas milder zu stimmen. «Nein, es wäre doch schade um die Wirkung des Veltliners.»

«Also noch einmal: Wer war der Student?»

«Richtig, jetzt erinnere ich mich. Ein gewisser Schäfer. Gerd Schäfer. Auch nicht schlecht. Er hatte nur einen Sprachfehler. Er lispelte leicht. Ich nehme an, deshalb hatte ihn Fehling auch besetzt. Das ergab so eine Art dümmlicher Lächerlichkeit, die sehr überzeugend wirkte.»

«Dümmliche Lächerlichkeit.» Er sprach das beinahe versonnen vor sich hin. «An manchen Tagen habe ich das Gefühl, als verlöre ich meine Hirnsubstanz. Durch die Nase. Kaum wage ich es, mich zu schnäuzen und danach ins Taschentuch zu schauen.

Doch damals, als ich den Schüler spielte – ich erinnere mich noch ganz genau –, damals nahm ich selber gar nicht wahr, wie jung und gesund ich war. Ich hätte so ganz nebenbei Bäume ausreißen können. 1948 hatten wir gerade wieder angefangen, richtig zu essen. Bis dahin sorgten wir uns eher um unsere Ernährung.

‹Du musst zusehen, dass du was für unsere Lebenserhaltung anschaffst›, forderte die Mama ständig. ‹Du bist schließlich am Burgtheater.›

Als ich den Schüler spielte, war ich immer schon vor der Pause fertig und saß in der Kantine vor kaltem Schnitzel und Erdäpfelsalat. Eins ließ ich mir immer einpacken und brachte es der Mutter nach Hause. Jeden Tag konnte ich mir das natürlich nicht leisten, ich hatte ja auch mein Kind zu versorgen. Aber die Sissi verdiente auch, damals sogar mehr noch als ich. Und mitunter lud mich auch einer der großen Kollegen ein.

Die Vorstellung hat fast immer vier Stunden gedauert. Drei davon saß ich in der Kantine und aß mich satt. Der Balser hatte als Faust einen sehr deutlichen, aber auch recht behäbigen Sprechstil. Wenn ich den Faust gespielt hätte, wäre die Vorstellung mindestens um eine Stunde kürzer gewesen.

Balser hatte das Stück auch inszeniert, und er hätte es am liebsten gehabt, wenn wir alle so prononciert langsam und überdeutlich gesprochen hätten wie er.

Können Sie sich das übrigens vorstellen? Den Faust spielen – und gleichzeitig inszenieren? Diese Monsterrolle? Einmal, in der Kantine, fragte ich ihn, weshalb er den Text gar so eifrig zelebriere. Darauf erklärte er, dass viele der Zuseher zum ersten Mal überhaupt mit dem Text konfrontiert würden. Im Gegensatz zu uns, die wir ihn seit den Proben schon x-mal ‹gesprochen, zerkaut und wieder ausgespien› hätten – so nannte er das.

Das überzeugte mich nicht. Im Gegenteil: Die Respektlosigkeit des großen Ewald Balser gegen den Titanen Goethe und die Langeweile an dem einzigartigen Text, die er mit seiner Sprechweise hervorrief, machten mich richtiggehend aggressiv.

Im Publikum wollte natürlich niemand zugeben, dass man sich langweilte, aber das Husten und Schnäuzen machte den gegenteiligen Eindruck auf uns. Wissen Sie, was Werner Krauß einmal fertigbrachte, als er ein Gastspiel von ‹König Lear› gab und die Leute nicht aufhörten, Lärm zu machen, obwohl es, wie er später zugab, November war und beinahe jeder erkältet gewesen ist?

Er, der König, schlenderte nach vorn an die Rampe, zog umständlich ein Tuch aus seiner Kostümtasche, schnäuzte, rotzte, hustete in den Zuschauerraum hinein, verbeugte sich kurz und spielte dann weiter. Zum Endapplaus verneigte er sich mit dem Rücken zum Publikum gegen seine Mitspieler, ging ab und ward nicht mehr gesehen. Es hätte nur noch gefehlt, dass er die Hosen heruntergelassen und den Zuschauern den blanken Hintern entgegengestreckt hätte.»

«Aber was konnte das Publikum denn groß dafür? Sie sagten doch eben, dass es kalt und jeder schwer erkältet gewesen sei?»

«Dann hätten sie zu Hause bleiben sollen», rief er.

«Außerdem haben Sie das ‹schwer› hinzugedichtet. Das verbitte ich mir. Wenn Sie mich schon zitieren, dann, bitte, präzise.»

«Verzeihen Sie, ich vergaß, dass Sie von Ihrem Liebling sprachen.»

«Und ich vergaß, dass Sie scheinbar aufgrund Ihrer Erziehung besonders empfindlich gegenüber solchen Kerls …»

«Solchen Genies», unterbrach ich ihn, merklich ironisch.

Bschließmayer blieb erstaunlich ruhig, doch seine Augen fixierten mich – mit einem Ausdruck, der dem von Mordlust nahekam.

Also griff ich weiter an. «Ich vergaß übrigens zu erwähnen, dass auch ich ein weiteres Erlebnis mit Werner Krauß hatte.»

«Hatten Sie?»

«Ja, hatte ich. Als ich in Mannheim engagiert war und er dort als dritter Richard gastierte. Mir schien er schon zu alt für diese Rolle. Den Jüngsten des Ensembles, darunter auch mir, wurde angeordnet, ihm die Aufwartung in seiner Garderobe zu machen. Sie war nach seinen Wünschen eingerichtet, sah also aus wie ein spießiges Wohnzimmer, aber es gab alles, was zu seiner Bequemlichkeit beitrug. Auf seinem Schminktisch standen etwa zehn gefüllte Champagnergläser und ebenso viele kleine Körnchen, höllisch scharfe Getreideschnäpse. Immer wenn er einen zu sich nahm, spülte er anschließend mit dem Champagner hinterher.

Wir stellten uns nacheinander vor, und seine farblosen Augen musterten jeden Einzelnen von uns. Gesprochen wurde fast nichts. Als man ihn später zum Auftritt bat, musste er bereits von zwei Bühnenarbeitern gestützt werden. Sie schoben ihn mehr, als dass er ging. Er tappte ins grelle Bühnenlicht und stand dann da. Wie ein Bär nach dem Winterschlaf blinzelte er in die Scheinwerfer, und ich fragte mich: Wie will er denn in diesem Zustand noch seinen Text artikulieren?

Er schwankte, drehte sich nach allen Seiten – und dann hatte er sich gefangen. Er begann zu sprechen. Und wie er sprach. Die Worte flossen nur so von seinen Lippen.»

Ich sah Bschließmayer an, er hatte plötzlich Tränen in den Augen. Er nickte, mehrmals.

«Ja», sagte er. «Ja, ja. Und saufen konnte er wie kein anderer. Zu meinem Leidwesen. Anfangs konnte ich gar nicht mit ihm mithalten. Wer hatte ihm bloß diese Zunge vermacht? Scheinbar war sie von einer unsterblichen Muskulatur. Er war genial.»

«Aber wie hat er seine Genialität denn genutzt?», fragte ich leise und zögernd.

«Schändlich, schändlich», schrie Bschließmayer. Dann verstummte er, um sich zu fassen.

Nach einer ganzen Weile fuhr er einigermaßen ruhig fort: «Als Schauspieler, als unser Kollege hat er höchste Maßstäbe gesetzt. Seine fünf Juden im ‹Jud Süß› gehören leider auch dazu. Haben Sie sich diesen Film einmal angetan?»

Ich nickte.

«Und?»

«Ich würde seine Figurendarstellungen eher genialisch als genial nennen. Nicht weil ich seine teuflisch gute Leistung schmälern will, sondern weil man in unserem Beruf meiner Meinung nach gar nicht genial sein kann. Wir beten doch nur nach, was uns die Autoren in den Mund legen. Das Wort ‹kongenial› würde wohl noch passen. Aber genial? Wir sind bestenfalls Nachschöpfer, Nachahmer, Vorgaukler. Schlimmstenfalls sogar Schwindler, die das Vorgezeichnete nur nachäffen.»

«Vortäuscher also. Und Sie glauben wahrhaftig, die Menschen würden wegen solcher Vortäuscher immer wieder ins Theater gehen? Deshalb würden sie uns sehen wollen? Was treibt sie denn an, wo sie selbst doch die Originale sind?»

«Wahrscheinlich das gemeinschaftliche Erlebnis, zusammen in den Spiegel zu schauen», erwiderte ich und grinste ihn an.

«Sie scheinen ja noch verrückter als ich zu sein. Ein Komödiant voller Hass. Ein Hassprediger. Ihr Jean in ‹Fräulein Julie› ist grauslig. Woran erinnern Sie sich da, woran denken Sie, wenn Sie ihn darstellen? Er hat nichts Menschliches an sich. Ein böses Raubtier, das sich zwar duckt, wenn ihm Prügel drohen, das jedoch hinterhältig zurückschlagen kann.»

«Das war nicht ich, sondern der Regisseur. Ich habe es Ihnen schon erzählt.»

«Unsinn», widersprach Bschließmayer. «Der Regisseur hat nur herausgefunden, was in Ihnen steckte. Und geworden sind Sie wahrscheinlich so, weil der Hitler auch Ihnen die Kindheit verdorben hat. Wie mir. Ist es nicht so?»

«Aber wer hat dann dem Krauß die Kindheit verdorben? Das kann ja wohl nicht Hitler gewesen sein. Eine derart gefühllose Bosheit, wie er sie aus sich herausschütteln konnte. Wer außer ihm konnte das so eindringlich produzieren?»

«Jetzt reden Sie wie ein Unternehmer. Er war eben doch ein Genie», sagte er höhnisch, ahmte mein Grinsen nach und nippte am Veltliner.

«Nun gut», lenkte ich ein. «Vielleicht gibt es auch

einige wenige geniale Mimen, die sich selber ihre Texte erfinden und sich so in die Reihe der kreativen Kulturträger stellen. Sagt Ihnen der Name Frédérick Lemaître etwas? Einer der bedeutendsten französischen Mimen im letzten Jahrhundert. Ihm wurde eines Tages von zwei Autoren ein Stück in die Hand gedrückt. Nur er könne das so darstellen, beschworen sie ihn, wie sie es sich wünschen würden.

Er las es und hielt es für einen ausgemachten Schmarren, aber er scheint gerade Geld gebraucht zu haben. Im Laufe der Proben regte ihn die miese Vorlage zu den verschiedensten Einfällen an. Da die Dichter jedoch ständig anwesend waren, hielt er sich zurück.

Als jedoch die Premiere stattfand, konnten sie ihm nicht mehr dreinreden. Und so improvisierte er am ersten Abend schon ununterbrochen, voller Lust und Schadenfreude. Er machte sich lustig über die in der ersten Reihe sitzenden Dichterlinge, er kreierte, zusammen mit seinen Bühnenkollegen, eine irrwitzige Posse. Es wurde der größte Erfolg der Saison. Die Autoren, die ihn im ersten Moment verklagen wollten, überlegten es sich bald anders, da ihnen seine Version ihres Stückes mehr Geld einbrachte, als sie es sich je erträumt hatten.»

«Hieß das Stück nicht ‹Robert und Bertram›?», fragte er.

«Ich glaube, ja.»

«Unspielbar. Der reinste Schmarren. Rauchen Sie eigentlich?»

«Nein.»

«Aber ich. Würde es Sie stören? Bis jetzt habe ich mich höflich zurückgehalten. Sie haben sich heute Abend ja schon sehr anstrengen müssen. Ihre Stimme braucht noch Schonung.»

«Machen Sie sich keine Sorgen.»

«Und warum haben Sie aufgehört zu rauchen?», fragte er.

Ich musste lachen. «Woher wollen Sie denn wissen, dass ich überhaupt mal geraucht habe?»

Er hob die Schultern, sagte aber nichts.

«Sie haben recht. Schuld daran ist Bergman, er versprach mir den ‹Don Juan› in Salzburg, wenn ich keine Zigarette mehr anrühre.»

«Was ging ihn das denn an?», fragte mein Gastgeber leise.

«Er muss einmal ein starker Raucher gewesen sein. Bis zu hundertzwanzig Zigaretten am Tag. Und dann bekam er ein Raucherbein. Fast hätte man es ihm amputieren müssen. Jedenfalls wollte er mir das Raucherbein ersparen.

‹Denk dir, sie schneiden dir das Bein ab. Und dann stell dir den Don Juan mal einbeinig vor, das wäre nichts! Alle Mühe, all die Proben wären für die Katz. Dazu die enorme Hitze in der Stadt, der grässliche Festspieltrubel, all das hätten wir umsonst durchlitten›, sagte er.»

«Ich kann mir einen einbeinigen ‹Don Juan› sehr amüsant vorstellen», meinte Bschließmayer. «Wäre vielleicht reizvoll für die weiblichen Zuschauer gewesen.»

Er steckte sich seufzend eine Zigarette an, nahm, zu

meinem Erstaunen, das brennende Ende in den Mund und entließ eine Rauchfontäne durch das Mundstück.

«So schmeckt sie mir eigentlich am besten, nur verbraucht sie sich so rasch.»

Fassungslos sah ich zu, wie er sie in aller Ruhe herausnahm und das Mundstück nun richtig herum zwischen die Zähne klemmte.

«Keine Sorge. Ich verbrenne mir meine Zunge nicht. Und wenn doch? Wozu brauche ich sie noch?»

«Sie wollen doch im nächsten Jahr noch einmal den Homburg spielen, oder nicht?»

«Wie viel?»

«Wie viel was?»

«Wie viel Zigaretten am Tag waren es bei Ihnen?»

«Mehr als zehn sicher nicht.»

«Und wegen der paar Stummerln wollte er Sie vor einem Raucherbein bewahren?»

«Ich nehme an, er wollte mich ein bisschen quälen.»

«Er scheint überhaupt viel Spaß am Quälen zu haben», meinte Bschließmayer.

Ja, das hat er, überlegte ich und hing meinen Gedanken nach.

«Ist Bergman eigentlich schwul?», fragte er nach einer Weile und zündete sich eine neue Zigarette an.

Ingmar und schwul? Ich hätte am liebsten in ein riesiges Gelächter ausbrechen mögen. Mit fünf Frauen und neun Kindern?

«Er hat mich einmal auf seine Insel eingeladen. Nach

einem Gastspiel in Stockholm. Mit ebendieser ‹Mademoiselle Julie›. Ich flog in seinem Privatjet nach Fårö. Er selbst war nicht dabei. Nur sein Pilot, eine Stewardess und ich. Acht Tage blieb ich auf der Insel, er hat mich ins Zimmer eines seiner erwachsenen Söhne einquartiert. Nun war gerade Mittsommer dort oben, die ganze Nacht taghell. Wenn ich nicht schlafen konnte, setzte ich mich vor das Haus und genoss die klaren, schönen Nächte. Man hatte das Gefühl, man könnte bis nach Leningrad sehen.

Plötzlich saß er neben mir. Er trug eine grellrote Wollmütze und eine dicke Joppe. Die Mütze hatte er stets auf, wenn er nachts über die Felder marschierte. Denn das Gras wuchs an vielen Stellen der Insel so hoch, dass nur die Köpfe der Spaziergänger darüber hinausschauten, und nachts waren immer die Fuchsjäger unterwegs. Die schossen damals noch auf alles, was sich bewegte. An der roten Mütze jedoch erkannten sie Ingmar sofort. Das hätte auch eine Gefahr für ihn sein können, er hatte ja keineswegs nur Freunde in Schweden. ‹Aber anscheinend mögen sie mich›, sagte er.

Einmal zeigte er mir alle seine Häuser auf der Insel. Eine alte Mühle hatte er zu einem interessanten Wohnsitz umbauen lassen, dort hätte ich wohnen sollen, wenn ich einer weiteren Einladung gefolgt wäre. Eine Scheune hatte er als Kino eingerichtet. Mit einer umfangreichen Kinothek in den Wandregalen. Für die Pflege und Bewachung der Räume hatte er einen Inselbewohner eingestellt, der für alles verantwortlich war und auch etwaigen Besuchern oder Touristen Filme vorführen durfte.

Insgesamt dreizehn Häuser besaß Ingmar auf Fårö. Als ich ihn fragte, für wen er die alle gebaut habe – für ihn selbst doch wohl sicher nicht, die könne er ja nicht alle bewohnen –, meinte er, manchmal ziehe er sich ins Innere der Insel zurück und lebe kurze Zeit in einem der Häuser. ‹Aber eigentlich habe ich sie für meine Familie gebaut. Fünf Frauen und neun Kinder. Hätte ich keinen so gierigen Schwanz gehabt, ich hätte mir halb Schweden kaufen können.› Das waren seine Worte.»

«Der Arme.» Bschließmayer schüttelte bedauernd den Kopf. «Jetzt ist ihm nur noch Fårö geblieben.»

Er zündete sich eine neue Zigarette an.

«Aber nein», widersprach ich. «Er hat ja alles gehabt und getan, worauf er neugierig war. Er hat sogar riskiert, Nationalsozialist zu werden. Als er mit sechzehn Jahren für einen Monat als Austauschschüler nach Thüringen kam, gefielen ihm die HJ-Uniformen seiner Mitschüler so sehr, dass er darum bat, ebenfalls eine tragen zu dürfen. Das wurde ihm allerdings verweigert, selbst als er beteuerte, keinesfalls Jude, sondern ein reinrassiger Nordländer zu sein. Da machte man ihm dann doch Hoffnungen: wenn er aus einem durch und durch germanischen Land käme, bräuchte er ja nur seinen Ariernachweis vorzulegen.»

Bschließmayer war die Zigarette zwischen den Fingern durchgerutscht, und seine Verblüffung war so groß, dass er die Raucherhand zum Mund führte, obwohl die Zigarette längst auf der Glasplatte lag und dort vor sich hin qualmte. Ich griff nach ihr und legte sie im Aschenbecher ab.

«Er hat mir einmal erklärt, woher seine Vorliebe für diese Saubermacher-Ideologie kam. Man hätte, meinte er, schon Verständnis für die Deutschen haben können. Damals wie heute, erklärte er, wären ganze Landstriche und Städte durch rassefremden Einfluss geschädigt.»

«Und diesem Schwachsinn haben Sie zuhören können?», empörte sich Bschließmayer.

«Ach, das Gewäsch konnte man nicht ernst nehmen. Auch mich ging er während der Proben manchmal an. ‹Du mit deinem römischen Profil! Für den Don Juan hätte da ein anderes besser gepasst. Deines ist so glatt, so gefällig. Wo ist die krumme, aufregende Judennase?›

‹Der Don Juan mit jüdischer Herkunft?›, provozierte ich ihn. ‹Eine interessante Deutung. Da wärst du natürlich die bei weitem stimmigere Besetzung gewesen.›»

«Und was sagte er darauf?»

«Er lachte.»

Stumm verschwand Bschließmayer in die Küche und kam mit einer ungeöffneten Flasche zurück.

«Es war ganz erstaunlich, wie gut Ingmar und ich uns bis dahin verstanden hatten», fuhr ich fort. «Aber eines Tages bat er meine Kollegin, die die Julie spielte, sich etwas einfallen zu lassen, wie man Jeans Brutalität während des Aktes noch nachdrücklich schildern könnte. Sie könne sich mit dem Überlegen ruhig ein bisschen Zeit lassen.

In der Pause schlug ich ihr vor, sie könne ja nach dem Beischlaf, den man sich im Nebenraum vorstellen musste, wieder auf die Bühne kommen, sich auf die Weintonne setzen, sich zwischen die Beine greifen und ihre Hand, jetzt blutbefleckt, hochziehen, um sie erstaunt zu betrachten. Sie fand, das sei eine tolle Idee.

Am Tag darauf spielte sie die Szene, wie ich sie vorgeschlagen hatte. Bergman wollte wissen, wie sie auf diesen Einfall gekommen sei. Als sie ihm gestand, dass es mein Vorschlag gewesen sei, wandte er sich wortlos ab, ging mit langen Schritten quer über die Bühne, blieb abrupt vor mir stehen und sah mich mit schmerzverzerrtem Gesicht an. Dann drehte er sich um, verschwand auf der Hinterbühne, und man hörte ihn schreien: ‹Ich bin das Genie. Das Genie bin ich.›

Eine halbe Stunde ließ er uns warten, bis er wieder auftauchte. Dann begann er, ohne viele Worte zu verlieren, mit dem Anfang des Stücks. Als die fragliche Szene Tage später wieder auf dem Probenplan stand, erschien Julie nach einer Weile auf der Bühne, lehnte am Türpfosten, fasste sich auf den Unterleib und atmete schwer. Ingmar unterbrach sie und rief herauf: ‹Beim letzten Mal hast du dich auf die Tonne gesetzt. Erinnerst du dich? Das war sehr viel spannender. Bleiben wir doch dabei.›

Während der nächsten Probentage haben wir nur das Nötigste miteinander gesprochen, wir waren beide voller Hemmungen und tauschten zugleich große Höflichkeiten aus. Es muss ziemlich albern gewesen sein.»

«Aber nach diesem Rassegeschwätz, da konnten Sie Ihre Arbeit mit ihm fortsetzen?»

«Was blieb mir anderes übrig? Ich hatte an meine Kollegen zu denken, für die der Abbruch des Stücks finanziell und künstlerisch einen schweren Schlag bedeutet hätte.»

«Das hätte Ihnen in dem Fall gleichgültig sein müssen. Ich an Ihrer Stelle hätte jede weitere Zusammenarbeit mit ihm verweigert.»

Erst in diesem Augenblick nahm ich seine kolossale Erregung wahr. Erschrocken sah ich ihn an.

«Wollen Sie mir wirklich weismachen, dass die Rücksicht auf Ihre Kollegen für Sie Priorität davor hatte, sich dagegen zu wehren, dass er solche ideologischen Giftgase verbreitete? Aber so etwas hieße doch, dem permanenten geistigen Selbstmord Tür und Tor öffnen. Obwohl, Ihre Glaubens- oder, wie soll ich sie nennen, Stammesgenossen hatten ja schon immer einen Hang zur selbstmörderischen Opferbereitschaft. Leider.»

«Nun, der Glaube ist mir allmählich abhandengekommen. Der allgemein verbreitete jedenfalls. Und Stammesgenossen? Wie, bitte schön, kann man denn heute noch von so etwas reden?»

«Hitlers Adolf hat es getan», sagte er und fing herzlich an zu lachen. Dann griff er über den Tisch und nahm meine Hand. «Ist es recht, wenn ich Sie mit Ihrem Vornamen anspreche?»

«Kein Einwand, Oskar», sagte ich.

Er füllte umständlich unsere Weingläser und prostete mir zu.

«Die Israelis haben sich ja Gott sei Dank inzwischen in eine andere Richtung entwickelt. Sie halten nicht mehr ihren Kopf hin. Und Sie sollten das auch nicht mehr tun. Selbst wenn Sie sich weiterhin in Europa aufhalten.»

«Sind Sie ein Philosemit? Sie hören sich so an.»

«Bin ich nicht. Ich unterscheide nicht nach Mentalität, Glaube oder Farbe, sondern danach, ob einer das Prädikat ‹Mensch› verdient oder nicht. Mit knapp sechzehn Jahren musste ich zusehen, wie alte Leute mit der Zahnbürste in der Hand die Gehsteige schrubbten. Und wissen Sie, was mich noch zorniger werden ließ? Es waren die lachenden Zuschauer, die drum herumstanden. Das habe ich bis zum heutigen Tag vor Augen.»

«Aber Bergman hat nur damit geliebäugelt. Er war kein aktiver Nazi, wie Ihr Werner Krauß», warf ich ein.

«Wäre er länger in Deutschland geblieben, wer weiß, wie er sich entwickelt hätte. Was glauben Sie, bei einem, der sich sogar noch mit Mitte sechzig zu solchen Ausfällen hinreißen lässt? Aber sprechen wir nicht mehr davon. Wie gut haben Sie eigentlich Horst Caspar gekannt?»

«‹Gekannt› ist das falsche Wort. Ich kannte ihn als Hamlet, als Romeo, als Orest. Ich stand oft im zweiten Rang des Deutschen Theaters und sah ihm zu. Seinen Hamlet vergesse ich nicht. Insgesamt war es eine ziemlich biedere, phantasielose Regie. In der zweiten Szene jedoch, zum Empfang bei Hofe, trat Caspar auf. Man sah erst nur seinen Oberkörper, denn der Regisseur hatte den Einfall, ihn aus dem Souffleurkasten kommen zu lassen.»

«Was, bitte?»

«Warten Sie ab. Zweimal versucht der König, ihn anzusprechen, und zweimal muss er sich jemand anderem zuwenden, da Hamlet kein Zeichen irgendeiner Aufmerksamkeit gibt. Beim dritten Versuch redet er ihn endlich direkt, mit seinem Namen an. Nun kann er nicht mehr ausweichen. Den ersten Satz haben Sie im Kopf.»

«Wie ging das vor sich? Erzählen Sie!», rief Bschließmayer. Er zitterte vor Erregung.

Ich schlug einen beruhigenden Ton an. «Eigentlich ganz einfach. Der König sagt beispielsweise – Sie kennen ja den Text zur Genüge, Oskar – ‹Und nun zu Euch, Polonius›, oder ‹Laertes, was bringt Ihr uns?›.

In dieser Inszenierung dreht er sich zu Hamlet um, nimmt dessen ablehnende Haltung wahr und wendet sich nach längerer Pause ab, spricht erst Polonius, dann Laertes an, und schließlich folgt, nach einer qualvollen Pause: ‹Und nun mein Neffe Hamlet und mein Sohn.›»

«Haben sie sich anfangs lange angeschaut?», fragte Bschließmayer.

«Ja, aber Hamlets Gesicht blieb dem Zuschauer vorerst noch verborgen. Man sah nur, wie der König ihn fixierte und wie langsam die Wut in ihm hochstieg.»

«Und dann?», fragte Bschließmayer fiebrig, meine Schilderung musste etwas in ihm aufwühlen. «Erzählen Sie doch weiter.»

Seine Hände zitterten immer stärker. Es fiel ihm schwer, sein Glas an den Mund zu setzen, aus Furcht, er könnte zu viel von dem verraten, was in ihm vorging. Ich musste an Caspar denken, wie er dastand und fast ebenso förmlich vibrierte. Ich hatte bis dahin nie einen Schauspieler gesehen, der seine innere Bewegung, seine Hochspannung ohne jedwede Gestik und Mimik so intensiv auszudrücken vermochte. Die leise Antwort auf die Replik des Königs riss einen beinahe vom Stuhl: ‹Mehr als befreundet, nichts weniger als Freund!›»

Bschließmayer hatte den Satz vor sich hin gemurmelt, als hätte er wiederum meine Gedanken lesen können. Ich konnte seine Abwesenheit spüren, seine Versunkenheit in die Vergangenheit eines anderen, eines jungen Oskar Werner. Mir gegenüber saß tatsächlich ein alter, gebrochener Mann mit sehr dünnen Gliedern und einem abnorm groß wirkenden Kopf.

Doch urplötzlich veränderte sich seine ganze Haltung, seine Ausstrahlung. Eine unsagbare Traurigkeit legte sich über sein Gesicht. Trauerte er nun hier, in die Rolle versetzt, über den Verlust seines Vaters, des Königs? Mühelos hatte er sich in den Prinzen verwandelt, und gleichzeitig hätte man ihn sich jetzt als den alten Hamlet vorstellen können – jenen, der er geworden wäre, hätte er die blutigen Auseinandersetzungen des Dramas überlebt.

Er ist ein Gefäß, sagte ich mir, das ständig andere, neue Charaktere, immer wieder nie gekannte Erlebnisse in sich aufnehmen muss. Was, in Gottes Namen, hätte dabei von der ureigenen Person des Oskar Josef Bschließmayer noch weiter bestehen bleiben sollen?

Über fünfzig Jahre lang hatte er nun schon seine Erscheinung, seinen Geist anderen geliehen, hatte sie aus toten Lettern heraus zu einem kostbaren Leben erweckt. Hatten ihn seine Rollen nun im Stich gelassen? Hatten sie ihn vergessen? Waren sie zu anderen, jüngeren Darstellern hinübergewechselt? Den Hamlet, den Don Karlos, wann hatte er sie wohl zum letzten Mal gespielt? Wann war ihm klargeworden, dass er sie und viele andere nie mehr spielen würde, dass er zu alt für sie geworden war?

Darüber dachte ich nach, und er nickte mir zu.

«Wer sich mit allem, was ihm zur Verfügung steht, diesem Beruf verschreibt, der muss sich irgendwann mit einem solchen Ende abfinden. Es ist der längste, schmerzvollste und zugleich lustvollste Selbstmord, den man sich denken kann.»

Er sprach beinahe tonlos. Dann griff er mit großer Vorsicht nach seinem Glas. Er hob es hoch über seinen Kopf und sah mich mit sanftem Lächeln an.

«Die Rache an dem, der uns die Unsterblichkeit nahm, schlägt sich in solchen Köstlichkeiten nieder», sagte er mit einer Stimme, als wolle er mir zuprosten.

Er trank das Glas leer, ohne es abzusetzen, und lehnte sich zurück. «Mein Dasein und Handeln scheint mir im Grunde viel ehrlicher als das übliche Gefasel vom gesünderen Leben in dieser oder das vom schöneren Leben in einer paradiesischen Welt. Ich habe mit acht Jahren meiner Mutter zugesehen, wie sie versucht hat, sich umzubringen, ich habe gehört, wie sie nach einem qualvollen Erwachen verzweifelt flüsterte: ‹Es gelingt nicht! Es gelingt nicht! Gott straft mich, indem er mich am Leben lässt, nicht wahr?› Das fragte sie den Pfarrer, der an ihrem

Bett stand. Und während dieser von der Großmutter herbeigeholte Kirchenmann ihr von der Sünde predigte, die das Wegwerfen eines von Gott geschenkten Lebens bedeute, sah ich zu, wie sie sich die Seele aus dem Leib kotzte und die Großi geduldig immer wieder neu alles säuberte. Der Pfarrer war angeekelt, er wandte sich ab.

Ich habe die Konsequenz meiner Mutter in dieser Hinsicht stets bewundert. Ich ziehe da eine andere Art der Flucht vor. Lieber saufe ich mich ins Jenseits, als dass ich mir beim missglückenden Suizid schmerzenden Schaden zufüge. So kann ich mir zumindest einige letzte Stunden der Heiterkeit einhandeln. Meiner Mutter jedenfalls blieb der Freitod wegen ihrer Ungeschicklichkeit versagt – während ich ganz gut dabei bin, mich auf eine liebevolle Weise zu entleiben.

Haben Sie schon Angst vor dem Tod? Müssen Sie nicht. Ich sag's Ihnen: Die Angst vor dem Nichts treibt oft die verrücktesten Blüten. Der Tod ist das Nichts, da gibt es keinen Zweifel. Schauen Sie sich die Religionen an und all die kleinen, meist weiblich geprägten Jenseitsvorstellungen.

Da stoßen Sie schnell auf Widersprüche. Wovor fürchten die sich denn alle? Am Ende doch etwa vor dem Nichts? Aber das würde ja bedeuten, dass wir all den Phantasien vom Jenseits und vom Paradies nicht so recht trauen können. Und, seien wir doch ehrlich, womit hätten wir letzten Endes denn ein Paradies verdient?

Nein, nein. Ich bleibe beim Nichts, das mich im Tod erwartet. Aber was könnte einem das Nichts schon antun? Ja, eben nichts. Nichts bleibt nichts. Tut nicht weh, macht keinen Kummer und bedeutet für uns die absolute Auslöschung. Angesichts des Daseins mit all seinem Schmerz und Kummer, dem wir ausgesetzt sind, verheißt das doch nur eine nie endende Erleichterung.

Bloß: Was machen wir aus unserem Hiersein? Darüber sollten wir uns den Kopf zerbrechen. Wodurch unterscheiden wir uns vom Tier? Sagen Sie mir das. Etwa durch unseren Traum vom Jenseits?»

Das Wort Traum dehnte er in seiner typischen Wiener Art, als wollte er die Vokale a und u so lange wie möglich auseinanderhalten, sie einzeln für sich zur Geltung kommen lassen.

Eine aberwitzige, aber sehr klangvolle, melodiöse Sprechgewohnheit, dachte ich.

«Nein, in Wahrheit unterscheiden wir uns: durch nichts», fuhr er fort. «Wir haben unser Fell verloren und schaffen uns ein künstliches an. Und aus welchem Material? Aus dem Fellabfall der Tiere. Seit unzähligen Epochen laufen wir so herum, ernähren uns falsch und handeln der Natur zuwider. Wir, die Menschheit, hätten schon längst in Verwesung übergehen müssen. Nur auf Kosten anderer Lebewesen sind wir überhaupt noch da.»

«Und vergessen Sie unseren absurden Durst nicht», stimmte ich ihm amüsiert zu und wies mit der Hand auf den Fernet-Branca. «Welchem Tier könnten Sie das wohl anbieten?»

«Werden Sie nicht albern», schrie er auf. «Ich bin dabei, mich ernsthaft mit dem Siechtum der Menschheit auseinanderzusetzen, und Sie mokieren sich über meinen Fernet.»

«Ich stimme Ihnen doch nur zu», versuchte ich ihn lachend zu beruhigen. «Nicht einmal Ihnen gelingt es noch, diese gefährlichen und ungesunden Angewohnheiten abzulegen. Daher kommen auch letzten Endes all die Blutrasereien, die uns durch unsere ganze Geschichte begleiten.»

«Sind Sie wirklich der Meinung, dass der Fernet, dieses den Magen so angenehm beruhigende Getränk, zur Entstehung von zwei Weltkriegen beigetragen hat?», fragte er mit bedrohlicher Ruhe. «Zeigen Sie mir einen Menschen, der den Krieg mehr hasst als ich. Den finden Sie kaum, aber ich sagen Ihnen: Ich liebe dieses schreckliche Gesöff.»

«Ja, das ist erstaunlich», stimmte ich zu. «Ebenso erstaunlich wie Ihr Erscheinen auf der Bühne oder in Ihren Filmen. Ich habe Ihnen vor nicht langer Zeit im Josefstädter Theater zugehört. Sie lasen Gedichte von Goethe, Schiller, Rilke und Weinheber vor. Da hatte ich den Eindruck, Sie wären ein ganz und gar in die Menschheit verliebter Enthusiast. Ihr Einsatz war kolossal. Momentan jedoch …»

«Auch ich habe meine Sehnsüchte», unterbrach er mich und leerte, vielleicht aus Trotz heraus, sein Fernetglas.

Wie brachte er das nur fertig? Sein Alkoholkonsum allein an diesem Abend war enorm. Und dennoch kam er nicht ins Stottern oder Lallen, zu schweigen vom Versagen des Gedächtnisses oder der Geistesgegenwart. Er verlor nie den Faden, sondern hatte sich im Gegenteil so in Fahrt geredet, dass seine Stimme auf einmal wieder ihren alten Oktavenreichtum vernehmen ließ, und seine mimische Lebhaftigkeit gewann ihre wohlbekannte Faszination zurück.

Nun regte sich auch bei mir wieder die Lust am Streitgespräch.

«Weshalb gehen Sie so barbarisch mit Ihrem Leben um?», fragte ich. «Sie kommen mir vor wie einer, der mit Blitz und Donner in die Grube fahren will.»

Er blickte mich überrascht an und begann, ohne zu antworten, aus verschütteten Weintropfen auf der Glasplatte des Tisches mit dem Zeigefinger Figuren zu zeichnen.

Das Schweigen, das sich zwischen uns ausbreitete, während seine Fingerkuppe leise über das Glas quietschte, dauerte immer länger, wurde immer unerträglicher. Wollte er mir damit zu erkennen geben, dass meine Anwesenheit nun nicht mehr erwünscht sei? Hatte ihn meine brutale Offenheit aus dem Konzept gebracht? Oder war er einfach nur müde und wollte mich loswerden, ohne sich dazu aufraffen zu können, mich mit klaren Worten hinauszuwerfen?

«Gar nicht so falsch», murmelte er plötzlich, «gar nicht so falsch. Ich scheine wohl doch der Sohn meiner Mutter zu sein. Mein großer Vorgänger, der Josef Kainz, hat übrigens auch im achten Bezirk gewohnt. Erst in der Josefstädter Straße und danach in der Fuhrmannsgasse.

Er hatte mir gegenüber den großen Vorteil, eine sehr zärtliche Mutter und einen liebevollen Vater gehabt zu haben. Ich habe meinen Vater fast nicht gekannt. Er hat meine Mutter sehr früh allein gelassen.»

Bschließmayer unterbrach sich und ließ seinen berühmten Fernblick aufleuchten. «Aber um auf Ihre Frage zurückzukommen, nein, ich lebe eigentlich gern, ich liebe den Erfolg und die Literatur. Selbstverständlich auch einen guten Wein. So einen Veltliner zum Beispiel.»

Er zeigte auf mein Glas. Ich nahm an, er wolle mich mit der letzten, leichten Bemerkung zum Lachen bringen, aber ich tat ihm den Gefallen nicht.

«Sie haben den Fernet vergessen», stocherte ich weiter.

«Lassen Sie es mit dem bewenden. Das ist eine Medizin, ein Medikament für meinen empfindlichen Magen. Damit er den Weißwein besser verträgt. Die Attacken, die er sonst gegen mich loslässt, wünsche ich niemandem. Ihnen am wenigsten, Sie sind doch ein sympathischer Mensch und Kollege.»

«Dann darf ich Sie noch um einen Tropfen davon bitten.» Ich hielt ihm mein Glas hin, er schenkte mit sichtlicher Freude nach. «Gewissermaßen als Absacker. Es wird Zeit für mich.»

«Das wäre abscheulich», rief er. «Sie können mich jetzt nicht allein lassen! Denn gerade wird mir wieder einmal klar, wie lange ich mich schon allein hier aufhalte. Das ist in der Regel kein Problem für mich. Ich bin gern allein. Doch heut, wo Sie mir so lebensfroh gegenübersitzen … Aber sind Sie überhaupt lebensfroh?»

«Höchstens manchmal.»

«Nein, nein. Ich meine, im Moment. Hier mit mir.» Sein Ton wurde aggressiver, und ich fürchtete, dass er kurz vor einem seiner Wutausbrüche stünde, von denen ich schon gehört hatte.

Warum sollte ich mich dem aussetzen? Ich stand auf. «Es wird Zeit für mich. Wären Sie so freundlich, mir ein Taxi zu rufen?»

«Nicht doch. Sie haben noch nicht einmal an dem Wein genippt, um den Sie mich eben gebeten haben.» Er schüttelte heftig den Kopf.

«Den Wein zu verschmähen und mich obendrein noch um einen Taxiruf zu bitten, das halte ich für grob unhöflich, selbst für deutsche Verhältnisse.»

«Ich finde, das Piefke-Benehmen sollten wir jetzt aus dem Spiel lassen», gab ich zurück.

Er zog ein Gesicht, als wollte er ein Grinsen unterdrücken, er kämpfte jedoch nur mit einem kleinen Rülpser.

«Wissen Sie, es ist einfach der Neid. Ich beneide Sie um das, was Sie gerade da unten treiben, was Sie sich erkämpft haben.» Seine Stimme nahm wieder jenen sonoren Klang an, den ich so sehr bewunderte. «Einen Charakter wie diesen Jean auf die Bühne zu hieven, ist eine echte Leistung. Das würde ich nicht mehr zustande bringen. Dazu kommt natürlich, dass ich mich vor mir selbst ekeln würde, wenn ich eine solche Figur kreierte. Aber Ihnen scheint das nichts auszumachen, nicht wahr? Bewundernswert. Aber auch gefährlich. Jedes Mal, wenn ich so eine geisterhafte Gestalt in mich hineinsog und sie zum Leben erweckte – mit meinen Gliedern, meiner Stimme, meinem Hirn und Herzen –, hatte ich ein Gefühl, als würde ich einen kleinen Selbstmord begehen. An meiner Person, meinem Charakter, meiner ursprünglichen Bestimmung. Das ist die Qual, unter der wir mit zunehmendem Alter leiden.»

Er starrte mich düster an. «Sehen Sie sich vor. Sie sind auch bald so weit. Man kriecht in den einen Charakter hinein, aus dem anderen heraus – und verliert schließlich den eigenen. Komplett.»

«Überschrift – der Charakterspieler», grinste ich.

«Ich würde eher sagen: Überschrift – der Kalauer», schoss er zurück. «Ich erwähnte doch gerade, dass auch der große Kainz im achten Bezirk gewohnt hat, wie ich. Er hat nicht nennenswert getrunken oder geraucht, und auch Frauen gegenüber war er zurückhaltend. Er hat nach dem Rechenbuch gelebt, um mit Shakespeare zu sprechen. Und trotzdem ist er nur zweiundfünfzig Jahre alt geworden, ich dagegen, so, wie Sie mich jetzt anschauen dürfen, bin im Zweiundsechzigsten. Was schließen Sie daraus?»

«Dass er Krebs hatte.»

«Bravo!» Bschließmayer klatschte in die Hände. «Sie sind ja theaterhistorisch gebildet.»

«Zynismus steht Ihnen ganz und gar nicht», sagte ich erbost.

«O nein, das war kein Zynismus, das war aufrichtig gemeint», gab er amüsiert zurück.

«Ich bin jetzt knapp zehn Jahre älter als Kainz. Wer

weiß, wo er in meinem Alter gelandet wäre. Wahrscheinlich hätte man ihn zum größten Stimmjongleur der deutschen Bühnen gekürt, wäre ihm sein unverwechselbares tenorales Timbre erhalten geblieben. Kainz wäre auch mit den Jahren kein Bariton geworden. Weder Alkohol noch Nikotin oder das Alter hätten seine Stimme je angegriffen. Er war ja die wandelnde Abstinenz. Ein wahrer Spießer, aber mit ungewöhnlichen artistischen Fähigkeiten.»

«Mit Verlaub», hob ich an und leerte zunächst mein Glas. Der Veltliner stimmte mich nun wieder ganz heiter. Ich griff sogar frech nach der noch halbvollen Flasche und bediente mich.

«Mit Verlaub also. Ähnliches, als Lob wie als Tadel, habe ich auch über Sie gelesen. Beispielsweise über Ihre Eigenart, die Sprachmelodie zu gestalten. Einige Kritiker nannten sie magisch, ja betörend. Andere wiederum wollten Sie schlichtweg in die Staatsoper verbannen – dort, meinten sie, wären Ihre arienhaften Monologe viel mehr an ihrem rechten Platz als auf dem Sprechtheater.»

«Schon gut, schon gut», wehrte er ungeduldig ab. «Fangen Sie jetzt bloß nicht an, Ihren Neid an mir auszulassen. Kainz und ich hatten eine Art von Verwandtschaft miteinander. Das gebe ich ohne weiteres zu und bin stolz darauf. Aber sehen Sie mich doch nur an. Ich fühle mich nicht auf den Schild des ewigen Theaterruhms gehoben, nein, ich liege am Boden. Sie dagegen stehen in vollem Saft, trampeln auf mir herum und verspotten mich, auch noch am Beispiel von einem meiner großen Vorbilder.

Aber uns beide, verehrter Kollege, trennen Welten. Sie werden nie die Karriere machen, die ich hinter mir habe. Das werden Sie nicht aufholen können, und wenn Sie es noch so versuchen. In Ihrem Alter war ich schon ein Star in Hollywood, während Sie Ihre Zeit immer noch am Theater vergeuden, dort von eitlen Filmregisseuren ausgebeutet werden, die sich gelegentlich einmal zur Theaterarbeit herablassen.»

Ich beschloss, mich nicht provozieren zu lassen, denn ich wusste ja, dass er nicht ganz unrecht hatte, aber ein bisschen dagegenhalten wollte ich trotzdem. «Genau. Sie haben Ihre wilde Filmerei sehr intensiv betrieben, und einige ordentliche Streifen sind dabei ja herausgekommen. Sie sind sogar ganz nah am Oscar vorbeigeschrammt. Ich weiß das alles sehr zu würdigen. Und ich bewundere den Mut und die Energie, mit denen Sie derart Außergewöhnliches leisteten, und noch dazu in einer fremden Sprache. War das vielleicht sogar der Grund Ihres Erfolgs?»

«Jetzt hören Sie endlich auf, mir meine Gumpendorfer Herkunft vorzuwerfen, Sie widerwärtiges Schlitzohr. Kein Lob ohne ein bisschen Gift, wie? Ich schlage Sie gleich mit dieser leeren Flasche.»

Er betrachtete versonnen die Weinflasche, die er gegen die Lampe hielt.

«Sie Egoist haben sie ganz allein weggesoffen, ohne Anstalten zu machen, auch mein Glas aufzufüllen.»

Ich nickte zustimmend. «Sie haben sich doch so ausgiebig mit dem Fernet beschäftigt. Ich wollte Ihrer Magenkur nicht zuwiderhandeln.»

«Pardon, schon meine Mutter hatte mich immer gemahnt, ich sollte nicht ordinär werden. Ich entschuldige mich also für das Wort weggesoffen.»

«Ich habe damit kein Problem, ich hab es sowieso überhört. Meine Mutter hat immer behauptet, ich könne nicht richtig zuhören, ich sei stets mit etwas anderem beschäftigt. Es ist keine Absicht, das versichere ich Ihnen, sondern eine Art von Konzentrationsschwäche. Oft beklagte sie sich, bei mir sei es, als ob ich aus einer anderen Welt mal eben vorbeikomme, mich für ein paar Minuten in irgendeine Unterhaltung einklinke und mich dann wieder von dannen schleiche. Das würde irgendwie zu meinen greisenhaften Händen passen, meinte sie.»

Bschließmayer sah mich ungläubig an und brach in schallendes Gelächter aus.

«Lachen Sie nicht. Das hat sie tatsächlich so gesagt. Ich hatte schon als Zehnjähriger diese verschrumpelten Hände. Jedes Mal, wenn sie sie betrachtete, hat sie sich gewundert, dass darauf noch keine Altersflecken zu entdecken waren. Es gibt ein altes jüdisches Lied: ‹Wir leben ewig.› Haben Sie je davon gehört? Man hat es wohl vor allem vor den Gaskammern gesungen. Na ja, vielleicht haben sich meine Hände nur schon frühzeitig gegen das Verfaulen wehren wollen.»

Ich betrachtete meine Finger und musste nun meinerseits lachen. Unsinnige Gedanken gingen mir durch den Kopf: «Es könnte doch sein, dass einer von uns früher sogar der Josef Kainz gewesen ist. Vielleicht habe ich diese Hände ja von ihm geerbt.»

«Der Kainz war kein Jude», warf Bschließmayer dazwischen.

«Dann wird er doch eher in Ihnen stecken. Im Übrigen, Wieselburg und Gumpendorf? Das Niveau dieser Geburtsorte weist doch gewisse Ähnlichkeiten auf.»

«Hören Sie jetzt auf», wütete Bschließmayer. «Sie sind in meinem Haus, trinken meinen Wein und haben mich zu respektieren, allein schon, weil ich der Ältere bin. Stattdessen schleudern Sie mir fortwährend Beleidigungen an den Kopf.»

«Im Gegenteil», rief ich aufgekratzt, «ich zeige doch Respekt, indem ich sage: Wenn einer von uns beiden in einem früheren Leben der Kainz gewesen sein könnte, dann Sie.»

Das habe ich doch gerade schon gesagt, dachte ich. Mein Gott, bin ich betrunken. Aber das machte mir nun gar nichts mehr aus, also redete ich weiter: «Nebenbei, kennen Sie die Wette, die Kainz einmal eingegangen ist? Er hatte ungefähr zum hundertfünfundzwanzigsten Mal den Ferdinand in ‹Kabale und Liebe› gespielt. Und er war der festen Meinung, dass nur wenige Zuschauer wirklich zuhören, besonders bei klassischen Texten. Darum hat er mit einem Kollegen gewettet, dass keiner im Publikum etwas merkt, wenn er bei Schiller zum Beispiel einmal völligen Unsinn sprechen würde.

Und so kam es: Am Ende des ersten Aktes, bevor er zu Lady Milford stürmt, beendet Ferdinand seinen Monolog in großer Erregung mit den Worten: ‹Umgürte dich mit dem ganzen Stolz deines Englands, ich verwerfe dich, ein teutscher Jüngling.› Und das hat Kainz nun zu folgendem Blödsinn umgedichtet: ‹Ummengle dich mit dem ganzen Gurt deines Stolzlands, ich verjünge dich, ein teutscher Werfling.›

Er gewann die Wette. Denn nachdem er den ‹Werfling› mit großer Energie geschmettert, seine Stimme dabei bis zum hohen C getrieben und im Sturmschritt die Bühne verlassen hatte, folgte, wie gewohnt, frenetischer Applaus. Kainz kassierte eine saftige Summe und bewies damit, dass der Ton und nicht der Inhalt die Musik macht.»

«Und Sie meinen, in diesem Punkt bestünde künstlerische Verwandtschaft zwischen ihm und mir?»

Das dumpfe Grollen hinter seiner Frage war nicht zu überhören.

«Ich habe Ihnen lediglich eine hübsche Anekdote erzählen wollen», beschwichtigte ich ihn. «Sie ist mir sicher nur wegen des vielen Veltliners eingefallen.»

«Haben Sie den Ferdinand auch einmal gegeben?», erkundigte er sich, und seine Miene verdüsterte sich immer mehr.

«Ja, ich musste für jemand einspringen, dessen Vertrag abgelaufen und der längst woanders engagiert war, man wollte das Stück aber noch einmal geben. Es war in Köln, und der Kollege Willy Millowitsch, der mich in der Vorstellung gesehen hatte, sagte mir viel später, der andere sei die viel bessere Besetzung gewesen.

Ich brüllte, liebkoste, nahm Luise auf den Schoß, was man damals nicht hätte tun dürfen, und war ein wahrer teutscher Offizier, so echt, wie Sie heute der Falstaff sind.»

«Oder der Prinz von Homburg, nicht wahr?»

«Oh, der waren Sie in der Tat. Ihren Homburg in Frankfurt werde ich nie vergessen.»

«Ich rede von der Gegenwart und werde ihn in Kürze wieder spielen. In der Wachau. Sie sind herzlich eingeladen.»

Ich schwieg. Tatsächlich war ich entsetzt. Wir sahen uns unverwandt an, wobei ich versuchte, der Frage in seinem eindringlichen Blick zu entgehen. Er stand auf und wies mit einer beinahe verächtlichen Geste auf seinen Körper herunter. «Würden Sie die Rolle, wären Sie Regisseur, heute mit mir besetzen?»

Ich kann mich nicht erinnern, je zuvor in ein – ohne jede Träne – derart trauriges Gesicht geblickt zu haben. Mir verschlug es die Sprache. Nach einer langen Minute gab ich mir einen Ruck und schüttelte langsam den Kopf: «Davon würde ich Ihnen dringend abraten.»

«Weshalb? Wer hat Ihnen denn zugeflüstert, der Homburg müsse ein junger, leichtsinniger Gefühlsaugust sein? Das Resultat, der Sieg in der Schlacht, hat ihm doch recht gegeben. Und die Liebe eines jungen Mädchens zu einem älteren Mann, einer ausgereiften Persönlichkeit, ist bis zum heutigen Tage gang und gäbe. Liegt darin nicht überhaupt eine neue und interessante Sicht auf dieses Werk? Der Homburg als älterer Mann?»

«Schon, schon», gestand ich ihm zu, gab aber vorsichtig zu bedenken: «Aber führen Sie sich doch einmal die Szene vor Augen, in der er die Kurfürstin um sein Leben anfleht und auf alles verzichten will, auch auf die Liebe zur Natalie. Das ist doch die Empfindung eines jungen Mannes.»

«Alte Leute hängen viel mehr am Leben als jüngere, das ist doch bekannt. Sie kennen das Dasein nämlich, kennen die sagenhaften Reize, die es ihnen geboten hat, und sie schätzen den Verlust desselben viel höher ein als junge Leute, für die das Leben zunächst ja nur Schwierigkeiten und Qualen aller Art bedeutet. Der alte Homburg – was also würden Sie, wären Sie Regisseur, zu diesem Konzept sagen?» Die letzten Worte hatte er beinahe geschrien. Er haute mit beiden Fäusten auf die Glasplatte des Tisches, und erstaunlicherweise hatte er seine sich überschlagende Stimme nun nicht mehr in der Gewalt.

Ein leise nachschwingender Ton von vibrierendem Glas untermalte das lauernde Schweigen, in dem er auf Antwort wartete. Ich lauschte dem gläsernen Gesang nach, bis er vollends verklungen war, und lenkte ein Stück weit ein: «Ich würde mir für diese Problematik einen anderen Dramatiker aussuchen. Wie wäre es mit Gerhard Hauptmann?»

Ich musste mich bei der Antwort beherrschen, beinahe hätte er mich mit seiner Erregung angesteckt. «Im Übrigen möchte ich kein Regisseur mehr sein. Ich habe es probiert und weiß, wovon ich rede. Die Last der Verantwortung für alles zusammen – Darsteller, Kostüme, Bühnenbild –, das kann einen ins Spital bringen.»

«Vor allem halte ich nichts von den sogenannten Regietalenten», Oskar griff den Themenwechsel offenbar dankbar auf, «die einen, kaum betritt man die Bühne und hat noch nicht den Mund aufgemacht, schon unterbrechen und Anweisungen geben. Die können nicht akzeptieren, dass auch der Schauspieler ein Recht auf Eigenschöpfung hat und selbst herausfinden muss, wo und in welcher Welt er sich befindet. Durch das besserwisserische Verhalten solcher Spielleiter wird doch jede Kreativität im Keim erstickt.»

«Findet er das alles jedoch nicht allein heraus, dann muss der Regisseur eingreifen und seine Unterstützung anbieten, nach intensivem Zuhören natürlich», meinte ich.

«Kommt auf den Schauspieler an», erwiderte Oskar, «mich hat jede vorzeitige Hilfestellung gestört.»

«Wann sollte der Regisseur dann Ihrer Meinung nach eingreifen?»

«Wenn dem Schauspieler jeder Weg, um zur Rolle vorzustoßen, verstellt scheint. Das macht für mich überhaupt die Qualitäten eines Regisseurs aus: dass er erkennt, wann er eingreifen muss. Und vor allem, dass er zuhören kann. Die meisten dieser Spielführer geben das Zuhören doch nur vor. Bei den jungen hübschen Kolleginnen zum Beispiel, die ihre Weiblichkeit so auffordernd vor sich hertragen, haben sie bei den Proben absolut nichts einzuwenden, finden sich aber während der Vorstellungsserie regelmäßig in der Garderobe ein, um ihnen Kritisches zum Vorabend mitzugeben und ihnen anschließend noch einen Quickie zu verpassen. Wenn die Dame sich dann wenig später dem Publikum zu stellen hat, breitbeinig stehend wie ein Kürassier, die Arme, weiß sie nicht mehr viel von all der Kritik, die ihr gerade verpasst worden ist.»

Ich musste grinsen, denn natürlich wusste auch ich von Regisseuren, die diese Art der Spielleitung praktizierten.

«Ich kannte einen Regisseur, der jedem Schauspieler wirklich neugierig zuhörte, die Suche nach seiner Rolle als äußerst spannend verfolgte und wirklich nur dann eingriff, wenn man resignierte oder Mittel probierte, die ihn anwiderten. Vortäuschung von Gefühlen zum Beispiel, oder mit bloßer Zungenfertigkeit über wichtige Inhalte hinwegzurasen, weil man sie nicht verstand, kurz, mit vordergründigen Talenten den Zuschauer abzulenken und ihm den wahren Sinn vorzuenthalten.

Das schätzte er gar nicht. Aber er hasste geradezu jene Schauspieler, die selbst nichts zur Gestaltung beitrugen und sklavisch auf die Eingebung des Regisseurs warteten. Wenn die Arrangements einmal gestellt waren, ließ er den Darstellern freie Hand. Einmal unterbrach er einen Kollegen, der tagtäglich brav seine Arrangements ablief, mit der Frage: ‹Ich sehe Sie jetzt seit fast drei Wochen sehr korrekt meine Stellungsvorschläge ablaufen. Das ist alles gut und schön, aber wo bleiben Sie?›»

«Wer war das?»

«Ingmar Bergman.»

Jetzt war er, das merkte ich, doch auf ihn neugierig geworden. «Hätte man seine Arrangements noch verändern können, oder waren das Betonmauern, in denen man sich zu bewegen hatte?»

«Es waren ernst gemeinte Vorschläge. Änderungsideen nahm er immer dankbar an, wenn sie sinnvoll waren. Denn gerade das bewies ja die Mitarbeit des Darstellers. Vor längerer Zeit probten wir Strindbergs ‹Traumspiel›. Ich war als der Dichter besetzt worden, der all die Figuren und Erscheinungen, die im Laufe des Abends auftraten, zu erfinden hatte.

Viele echte Dichter, das weiß man, hatten immer etwas auf dem Schreibtisch liegen, das sie animierte und während des Schreibens nie fehlen durfte. Bei Schiller war es zum Beispiel der berühmte faule Apfel, dessen Geruch ihn zu so kühnen Werken wie ‹Die Räuber› oder ‹Kabale und Liebe› angeregt hatte. Ich machte mich also auf die Suche nach meiner Inspirationsquelle für die Bühne und fand schließlich in der Requisitenkammer einen verrosteten Degen, den ich mir als Dichter auf den Arbeitstisch legte. Später, bei der ersten Probe, fragte Bergman mich, wie ich mir meine Reaktion in dem Moment des Stücks vorstelle, wenn die von mir erdichteten Figuren plötzlich leibhaftig vor mir stehen. ‹Dazu müsste ich sie erleben›, antwortete ich.

Also ließ Bergman alle Kollegen ins Theater rufen, die eigentlich zu dieser Anfangsprobe noch gar nicht eingeteilt waren. Mit den Beleuchtern kreierte er sogleich ein spezielles, düsteres Licht, in dem die Mitspieler bei ihrem Auftritt riesige Schatten warfen. Das reichte: Es brachte mich sofort vom Schreiben ab. Voller Schreck griff ich nach meinem Degen, meinem Schreibblock und dem Stift und verschwand damit unter dem Tisch. Dort schrieb ich hastig weiter.»

«Was schrieben Sie denn?», fragte Oskar gespannt.

«Das, was ich gesehen und was mir Angst eingejagt hatte. Meine Geschöpfe, die um mich herumstanden.»

«Also das hätte ich sehen wollen. Haben Sie sich da nicht lächerlich gemacht?»

«Das dachte ich währenddessen auch. Am Ende der Szene kroch ich hervor und entschuldigte mich zögernd für diese blödsinnige Idee: Mir sei im Moment einfach nichts Besseres eingefallen.

Bergman, der lachend zugesehen hatte, wurde ernst. ‹Das war kein Einfall, das war Wahrheit. Danke.› Er stieg zur Bühne hoch und schlug mir auf die Schulter. ‹Du hast dich auf exzellente Weise verführen lassen.›

‹Von wem, von dir?›, fragte ich.

‹Nein, von dir selbst. Du hast das Theaterspielen nämlich ganz vergessen.›»

Oskars Augen blitzten.

«Es gibt und gab wenige Regisseure, die auf uns, die auf den Brettern Stehenden, so stark eingehen und die Qualen der Ungewissheit, des Zweifels an unserer Kunst, die wir alle kennen, wirklich zu lindern vermögen.»

«Wie ist Ihre Partnerin in ‹Mademoiselle Julie› eigentlich mit Bergman zurechtgekommen? Und mit Ihrer Ohrfeige?», fragte Oskar nachdenklich.

«Sie war stets überglücklich. So schien es. Er hat sie kaum jemals kritisiert. Mich dagegen ständig. Als er mich nach der Hauptprobe wieder einmal gehörig auseinandernahm, fragte ich ihn, weshalb er an mir immer so viel auszusetzen habe, an ihr aber kaum etwas, oder nur ganz wenig. Er sagte nichts. Aber später nahm er mich beiseite und gestand mir, dass er sich nicht traue, sie härter zu behandeln. Die Rolle habe sie derart vereinnahmt, dass er sie mit Kritik aus einem Traum reißen würde, wie eine Mondsüchtige würde sie vom Dach stürzen. Mit ihrer seelischen Stabilität sei es nicht weit her, und er hoffe, sie überstehe die Premiere. Aber sie spiele mit traumwandlerischer Sicherheit, und diese Leistung wolle er in keiner Weise durch kleinliche Nörgelei stören.»

«So umwerfend habe ich sie aber heute Abend nicht gefunden», protestierte Oskar. «Wie hat sie die Premiere denn dann überstanden?»

«Gar nicht.»

«Wie, sie ist nicht aufgetreten?»

«Auch heute Abend nicht. Das war nicht die ursprüngliche Besetzung. Wir mussten umbesetzen, denn sie kam nach der Hauptprobe in eine Spezialklinik – und wir hatten danach drei weitere Probenwochen am Hals. Übrigens, da fällt mir eine mehr traurige als komische Geschichte ein. Wenn Sie denn auch für mich noch einen Tropfen haben …?», fragte ich und hielt ihm mein Glas hin.

«Keine Sorge. Es gibt genug davon», versprach er, nachdem auch er sich nachgeschenkt hatte.

«Ich bekam einen Anruf aus London», erzählte ich weiter. «Von Elisabeth Bergner. Sie kennen sie?»

«Nicht persönlich», antwortete er knapp.

«Wir hatten uns bei einer Produktion von O'Neills ‹Eines langen Tages Reise in die Nacht› kennengelernt. Ich spielte einen der Söhne.»

«Den Edmund?»

«Nein, Jamie. Den Edmund spielte Peter Brogle.»

«Ein sensibler Mann. Nur leider fehlte ihm etwas, das man für die Bühne braucht, das gewisse Leuchten», konstatierte Oskar.

«Das will ich heute nicht mehr beurteilen. Jedenfalls hätte ich mir damals keinen besseren Bruder Edmund vorstellen können. Es war eine Tourneeproduktion, und wir spielten die letzten Vorstellungen, irgendwo im Norden der Republik. In der großen Saufszene sollte es auch zu richtigen Handgreiflichkeiten zwischen den Brüdern kommen. Die Whiskyflasche stand auf dem Tisch wie immer, und sie sah aus wie immer, doch nach dem ersten Schluck wusste ich, dass darin, anders als bisher immer, kein verwässerter Apfelsaft war. Ich trank puren Whisky.

Ich hätte tricksen können, nur so tun, als ob ich trinke, aber ich wollte kein Spielverderber sein. Kurz, wir spielten, aber brauchten viel länger als jemals zuvor. Wir hatten dabei unseren Spaß, das Publikum den seinen, aber Betty Bergner muss Todesängste ausgestanden haben. Sie war es nämlich gewesen, die unsere Flasche vertauscht hatte, ohne es zu ahnen, und jetzt verfolgte sie in der

Nullgasse die ausgedehnte Klopperei. Ich kann Ihnen versichern: Brogle, dieser schmächtige Kerl, entwickelte eine Kraft, bei der ich kaum mithalten konnte.»

«Aber der Edmund ist ein lungenkranker Mensch», erregte sich Oskar, «und auch Jamie würde sich gegen seinen kleinen Bruder niemals brutal verhalten haben.»

«Mit dem Brennstoff, den wir im Leib hatten, war uns das egal. Betty Bergner kriegte fast einen Herzschlag, sie lud uns hinterher zu einem formidablen Essen ein.»

«Und Sie haben sie wirklich mit Betty angesprochen?»

«Ich habe sie immer Betty genannt. Das liebte sie. Sie ist die liebenswürdigste Lachwurzen der deutschen Bühne. In einer Szene ihrer Mary Tyrone, wo diese nicht mehr ganz bei sich ist, soll sie mit einem weißen Kleid über dem Arm eine lange Treppe herunterkommen und nach ihrem Brautkleid suchen. In ihrer unnachahmlichen Art murmelte sie dauernd vor sich hin: ‹Wo habe ich denn nur mein Brautkleid gelassen? Ich bin heute ganz durcheinander.› Ich hatte dabei sofort ihren Rückfall in die Sucht zu erkennen und musste erschüttert sein. Nun spielte sie das immer fabelhaft, doch an dem Abend kam Betty nicht auf das Wort ‹durcheinander› und sagte auf einmal: ‹Ich bin heute ganz aus dem Häuschen.› Das war so komisch, ich wieherte los und kroch gleichzeitig unter den Esstisch.»

«Sie scheinen in schwierigen Situationen immer gern unter Tische zu kriechen», bemerkte Oskar. Er grinste und fragte, ob er noch einmal rauchen dürfe.

«Erzählen Sie weiter», sagte er, nachdem er sich die

Zigarette angezündet hatte, «wie kamen Sie denn wieder hervor?»

«Gar nicht. Betty, die sich selbst vor unterdrücktem Lachen kaum halten konnte, lief auf den Tisch zu, schlug drauf und schrie: ‹Jamie, sei nicht albern, komm sofort da unten raus!›»

«Und, kamen Sie?»

«Nein, aber der Vorhang fiel, und die Leute klatschten Beifall.»

«Und die Vorstellung wurde abgebrochen?»

«Wo denken Sie hin? Nachdem wir uns wieder gefangen hatten, ging alles irgendwie zu Ende.»

«Das hätte ich von der Liesl nicht erwartet», meinte Oskar kopfschüttelnd. «Texthänger hat jeder mal. Nur die Kunst, sich da wieder herauszuarbeiten – das war ein spezielles Talent Aslans.»

«Lassen Sie mich noch von Betty erzählen. Sie ist ein kindlich heiteres, oft albernes, hochintelligentes Geschöpf, aber sie kann auch unglaublich wütend werden. Wie einmal, auf einer Probe: Wir versuchen zum ersten Mal die Szene, in der sie begreift, dass Jamie ihren Rückfall durchschaut hat, stehen dicht voreinander, sehen uns nur an, und sie hebt langsam die Hand, um ihre Augen zu bedecken, weil sie Jamies Blick nicht mehr ertragen kann. Da brüllt der Spielleiter plötzlich zu mir herauf: ‹Wie lange willst du eigentlich die Kaiserin des Theaters noch warten lassen, du Schnösel?› Er begriff gar nicht, was zwischen uns vorging. Betty fuhr herum und schrie nach unten: ‹Oh, du unsensibler Idiot, wenn du schon nicht zusehen kannst, dann versuche wenigstens zuzuhören.› Das saß. Später meinte sie einmal, ganz gelassen: ‹Vielleicht hat er gar nicht hingesehen.›»

«Und was tat der Regisseur darauf?», fragte Oskar schmunzelnd.

«Er verließ schweigend den Zuschauerraum.»

«Wo war denn das?»

«In Düsseldorf.»

«Hätte ich mir denken können. Wurde er ausgewechselt?»

«Nein, er war der Intendant des Theaters und tauchte nach einer halben Stunde wieder auf.»

«In der Gegend sollte man ohnehin die Hände vom Theater lassen und sich auf den Karneval konzentrieren.»

«Sein Vorgänger hieß immerhin Gustaf Gründgens», widersprach ich.

«Haben Sie ihn gekannt?»

«Ich habe ihm einmal vorsprechen müssen. Den Oswald aus den ‹Gespenstern› und den Hamlet. Während des Hamletmonologs unterbrach er mich und sagte, ich sei zu alledem viel zu jung, ich würde mich nie auf den Inhalt konzentrieren, sondern wolle nur mit großen Temperamentsausbrüchen beeindrucken.»

«Und, hatte er recht oder nicht?»

«Schon. Aber das war auch seine Schuld. Ich sah nur seine Hände, mit denen er jedes Wort gestisch unterstrich. Sie waren dickfingrig und bedeckt mit kleinen, rötlichen Haaren. Seinen kahlen Kopf stellte ich mir mit rötlicher Perücke als Dänenprinz vor.»

«Mit blonder Perücke», warf Oskar ein.

«Damals war sie für mich rötlich. Er fuchtelte mir bei seiner Kritik vor dem Gesicht herum, während er beschrieb, wie er heute den Hamlet oder den Mephisto darstellen würde. Er redete dabei mehr von sich selbst: Im Moment könne er sich nur den Mephisto vorstellen. Die einzige Figur, die er mit seinen ewigen Kopfschmerzen darzustellen in der Lage sei. Die Schmerzen kämen vom Nervus trigeminus, der ihm sehr zu schaffen mache. Ich sah ihn an, wie gebannt, ich musste ihm geradezu ununterbrochen in seine Augen sehen. In diese kalten, fischigen und leuchtenden Augen.»

«Vielleicht hat er sich nie von seiner Lieblingsrolle lösen können», meinte Oskar. «Einige Kollegen schaffen das nicht. Wahrscheinlich hat er da gerade insgeheim als Mephisto vor Ihnen gesessen.»

«Er war widersprüchlich. Obwohl er mir gegen Ende des Treffens versichert hat, dass ich nicht sein Typ sei, wollte er mich doch nach Düsseldorf mitnehmen. Wenn ich da erst an Ihre Jugendbilder denke, Oskar. Auf Sie wäre er doch sicher geflogen.»

«Ach was», wehrte er ab. «Ich bin ihm auch begegnet. Nach einem längeren Gespräch oder, besser, nach längerer Auseinandersetzung bescheinigte er mir: Ich sei ein ungewöhnlich bösartiger Kerl mit einem Engelsgesicht.

Ich gebe zu: Zeitweise hatte ich den Eindruck, er wolle sich in mich verlieben. Deswegen sagte ich ihm klipp und klar, dass ich nicht schwul sei und, obendrein, dass ich seinen Hamlet, den ich gerade in Düsseldorf gesehen hatte, nicht sehr überzeugend finde. Daraufhin warf er mich raus. Später erfuhr ich, dass mein Eindruck falsch war. Er bevorzugte eher den Typus des klassischen jugendlichen Helden, und er lief gerade so einem hinterher: einen Kopf größer als ich, sehr blond, sehr blauäugig – und ziemlich mittelmäßig. Mir gegenüber trug er eine Art wütende Gelassenheit zur Schau, die mir im Nachhinein doch imponierte.»

«So was sagt man aber auch nicht so unverblümt», kicherte ich.

«Es war doch kein Geheimnis. Bei seinem manierierten Benehmen! Das hat mich aggressiv gemacht. Eigentlich versuchte er, mich für eine Produktion zu gewinnen, die auch auf Tournee gehen sollte und die ich ablehnte. Ein Jahr später spielte ich dann dasselbe Stück mit Werner Krauß zusammen und, das werden Sie mir doch zugeben: Die beiden lassen sich nicht miteinander vergleichen.»

«Ich mag diesen Mann nicht», sagte ich, für mich selbst überraschend laut. «Versuchen Sie nicht, mir den Krauß sympathischer zu machen. Er war und bleibt für mich ein widerlicher Nazi.»

«Ich rede aber vom Schauspieler Krauß, nicht von einem Politiker.»

«Das lässt sich nicht auseinanderdividieren. Mordanstifter bleibt Mordanstifter, selbst wenn er auf irgendeinem Gebiet genial gewesen sein sollte.»

«Lassen wir das, ja? Lassen wir das. Sie mögen recht haben, aber ich hatte nun einmal eine ganz besondere Beziehung zu ihm.»

«Gründgens hatte sich in dieser Zeit sehr viel menschlicher verhalten», setzte ich nach.

«Ich weiß, ich weiß es doch. Er hat Juden und Kommunisten im Kulissenkeller versteckt, oder er hat sie über die Schweizer Grenze schaffen lassen. So heißt es jedenfalls. Wie es damals wirklich gelaufen ist, kann heute niemand nachweisen.»

Oskar griff erregt zur Zigarette, quälte sich einen Moment lang mit dem nicht funktionierenden Feuerzeug ab, um es dann, zusammen mit der zerdrückten Zigarette, voller Wut auf den Boden zu werfen.

«Was habe ich Ihnen getan?», schrie er. «Warum greifen Sie den von mir Verehrten auf eine so beleidigende Weise an? Was gibt Ihnen das Recht dazu? Nur, weil Sie noch mit beiden Füßen in diesem beruflichen Morast stecken? Wenn Sie nicht achtgeben, schlägt er früher oder später über Ihrem Kopf zusammen. So viele Bergmans laufen weiß Gott nicht mehr herum. Und einmal ehrlich: Würden Sie nicht auch viel lieber an einem festen Institut sitzen, als mit dem Thespiskarren die Provinz unsicher zu machen?»

«Immerhin bin ich momentan mit dem Bayerischen Staatstheater unterwegs», rief ich wütend. Ich hätte nicht so viel trinken sollen. Auf dem Gebiet war er im Vorteil. Seit vierzig Jahren trainierte er das. Mindestens. Mit dem, was er heute Abend geschluckt hat, läge ich schon längst in der Notaufnahme.

Ich stand auf.

«Wären Sie so freundlich, mir ein Taxi zu rufen?», fragte ich ihn förmlich und kam mir dabei lächerlich vor.

Jetzt sprang er auf. «Das wäre der Gipfel an Feigheit», schrie er. «Erst putzen Sie mich herunter, und dann lassen Sie mich in diesem desolaten Zustand allein. Das ist unfair, das ist unsportlich, und das ziemt sich nicht.»

«Würde Goethes Tasso formulieren», fügte ich hinzu.

«Außerdem kommen wir doch jetzt gerade erst richtig ins Gespräch», meinte er, auf einmal wieder ruhiger. Seine Stimmungen wechselten so schnell, dass ich langsam zweifelte, was er nun wirklich fühlte und was gespielt war. Er hob mir sein Glas entgegen.

«Haben Sie den Tasso gespielt?», fragte er, während wir anstießen.

«Ja», nickte ich, «aber grottenschlecht. Abgesehen vom ‹Faust› habe ich keinen Zugang zum dramatischen Werk des Geheimen Rats gefunden. Meine Versuche mit ‹Tasso› und dem Orest sind immer fehlgeschlagen. Ich könnte sagen: An der perfekten Glätte seiner Verse habe ich mich nicht festhalten können.»

«Mit seinen Gedichten und Balladen hatte ich keine Schwierigkeiten», grummelte Oskar und sah mich schadenfroh an.

«Die mussten Sie auch nicht darstellen.»

«Doch. Im Sitzen.»

«Aber das ist etwas ganz anderes. Im Sitzen könnte auch ich die Leute als Tasso beeindrucken. Und Sie hat man ja ohnehin nichts als bewundert, wenn Sie rezitierten.»

Er betrachtete mich erstaunt.

«Unser Gespräch tut uns beiden gut, nicht wahr?», sagte er. «Sie haben recht. Mein Hintern hat gar nicht genug Platz für all die Leute, die noch hineinkriechen möchten.»

Ich sah ihn fragend an.

«Weil nämlich schon so viele darinnen sind», fügte er lachend hinzu. «Wenn ich sie Ihnen alle aufzählen wollte, säßen wir übermorgen noch hier.»

«Fabelhaft. Dann fangen wir beim nächsten Mal damit an», schlug ich vor. «Und nun bestellen Sie mir bitte ein Taxi.»

«Nein, jetzt mache ich uns etwas zu essen, das können wir beide brauchen, und Sie schauen mir dabei zu. Auch beim Kochen brauche ich Zuschauer. Ich soll ein ganz ordentlicher Koch sein, wie mir schon öfter bestätigt wurde.»

«Lassen Sie mich bitte ins Hotel zurückfahren. Ich habe morgen Abend wieder zu spielen, und unsere Bühnenbildnerin, Palmstjerna-Weiss, kommt in die Vorstellung. Eine kluge und äußerst kritische Person.»

«Sie werden es überleben. Was halten Sie von einem Erdäpfelkuchen?»

«Was ist denn das?»

«Sie wissen aber schon, was ein Erdapfel ist, oder? Wagen Sie es nie, ihn in meiner Gegenwart bei dem gräusligen Piefkenamen zu nennen.»

«Kartoffel», sagte ich ruhig.

«Sie sind ein widerlicher Schmierant», sagte er ebenso

lässig und verschwand in die Küche. Geschwind jedoch steckte er seinen Kopf durch die Tür zurück.

«Woher kenne ich den Namen dieser Person?», fragte er und war schon wieder weg.

«Sie ist eine langjährige Mitarbeiterin Bergmans.»

«Daher sicher nicht.»

«Sie war außerdem die Frau und Gefährtin des Dramatikers Weiss. Peter Weiss.»

«‹Verfolgung und Ermordung Jean-Paul Marats›, richtig?», rief er.

«Ganz genau», rief ich zurück.

Sein Kopf erschien wieder im Türrahmen. «Ich habe Sie nicht verstehen können. Entweder ist Ihre Sprechtechnik oder meine beginnende Schwerhörigkeit daran schuld.»

«Pflegte nicht Krauß auf solche Höflichkeit zu erwidern: ‹Was sind Sie doch für ein liebenswürdiges Arschloch›? Entschuldigung. Es fiel mir nur gerade ein.»

Dabei verschwand er wieder. «Kennen Sie die Frau Weiss schon länger? Und sprechen Sie lauter. Es scheint doch an meiner Schwerhörigkeit zu liegen.»

«Dann sollten Sie einen Arzt aufsuchen. Vielleicht sind Ihre Gehörgänge ja auch nur verschmutzt. Und wie wollen Sie sonst Ihre Kollegen auf der Bühne verstehen, wenn es schlimmer wird?»

«Es wäre oft besser, man verstünde sie nicht», kam es aus der Küche.

«Aber wenigstens die Stichworte für den Einsatz?»

«Die habe ich schon seit meinen Anfängen mitgelernt. Erzählen Sie mir Weiteres von Frau Weiss.»

«Gunilla Weiss beherrscht fast jeden Stil, kann sich jedem Spielleiter anpassen. Bei all ihrem Wissen, ihrer Intelligenz ist sie sehr sanftmütig, ein bisschen zu sehr. Eine Schwäche, die ihr nicht gut bekommt. Bei Ingmar allerdings fühlt sie sich zu Hause. Obwohl sie auch vor ihm Angst hat, wenn ihn der Jähzorn überkommt.

Während der Proben zum ‹Don Juan› wollte sie etwas gegen seinen Willen durchsetzen. Sie bat mich, ihn zu einem Stuhl zu überreden, den er schon einmal abgelehnt hatte. Darauf sollte der Gläubiger Dimanche Platz nehmen und das Geld einfordern, das ihm Don Juan schuldet. Gunilla wollte, dass ihm ein niedriger Hocker hingestellt wird, um ihn kleiner und unscheinbarer aussehen zu lassen als den auf einem hohen, protzigen Lehnsessel thronenden Don Juan. Als ich das während einer Besprechung vorschlug, sprang Bergman auf und schrie, während er in seinen Ruheraum stürmte, mehrere Male, dass er das schon abgelehnt habe. Aber am nächsten Tag stand der Hocker auf der Bühne.

Die Szene bekam übrigens fast immer Applaus. Die Zuschauer lachten sich scheckig vor Schadenfreude. Ingmar hat sich zwar nie entschuldigt, schickte uns beiden aber entsprechende Premierengeschenke. Mir ein Buch über ihn mit persönlicher Widmung auf Schwedisch. Als ich ihn nach der Bedeutung der Worte fragte, antwortete er: ‹Lass es dir übersetzen.›»

«Und was bedeuteten sie?»

«Ich habe es bis heute nicht wissen wollen.»

«Kommen Sie doch in die Küche. Es gibt hier einen

bequemen Stuhl, keinen Hocker. Da können Sie mich als Koch bewundern.»

In der Küche herrschte auch gerade ein kreatives Chaos. Die Kartoffeln standen schon auf dem Herd, die Schalen waren im Spülbecken zu einem schmutzigen Häufchen zusammengeschoben, darauf das Messer, das er zum Schälen benutzt hatte. Einiges an benutztem Geschirr, dessen angetrocknete Essensränder aussahen, als warte es schon seit ein paar Tagen auf reinigendes Wasser.

«Ich kann mir unter einem Erdäpfelkuchen nichts vorstellen. Helfen Sie mir», bat ich ihn.

«Kennen Sie den rheinischen Ausdruck Reibekuchen? In Berlin kennt man ihn als Kartoffelpuffer, soviel ich weiß.»

«Das werden aber doch eher Kartoffelplätzchen.» Ich sah ihn an und verbesserte mich: «Ich meine natürlich Erdäpfelplätzchen.»

Er reagierte nicht, sondern erklärte weiter, dass sein Gericht zum großen Teil aus mehr oder weniger grob geriebenem Erdäpfelteig bestehe, dem etwa ein Fünftel Weizenmehl untergemischt sei.

«Unter weiterem Beigeben von gehacktem Knoblauch und etwas Petersilie, wenn man das mag, wird das Ganze dann mit viel Öl in der Pfanne aufs Feuer gesetzt, bis der Teig aufgegangen ist und sich eine knusprig braune Kruste gebildet hat. Das serviert man dann mit einer Rindfleischsoße oder einer Rindssülze.»

«Sie reden wie ein lebendig gewordenes Kochbuch.»

«Schauen Sie einmal her, wie sich der Teig schon langsam wölbt. Sie könnten mir helfen, indem Sie Besteck und Servietten herauslegen und den Tisch nebenan damit decken. Die Teller behalte ich in der Küche.»

Während ich die verschiedenen Schubladen herauszog, kündete er an, dass er gern etwas über meine Anfänge erfahren wollte.

«Erzählen Sie!», begann er, als wir uns zu Tisch gesetzt hatten. «Von Ihren ersten Rollenaufgaben, Erfolgen, Misserfolgen. Wissen Sie, ich beispielsweise war von Anfang an fasziniert von der Vorstellung, mein bisheriges Leben auf der Bühne vergessen zu können, zumindest eine Zeitlang. Die Großi hatte mich zu meinem ersten Theaterbesuch eingeladen. Auf der Galerie des Burgtheaters standen wir, hoch oben, und sahen den ‹Prinz von Homburg›. Von da an gab es nur noch dieses eine Theater für mich. Dort im Burgtheater wollte ich spielen. Ich hatte schon vorher auf einer Bühne gestanden. Im zehnten Bezirk, in der Wielandgasse. ‹Beißkorb› hat das Theater geheißen. Wenn man es überhaupt ein Theater nennen konnte.

Zwei Jahre später spielte ich schon an der Burg. In einem Stück vom Kolbenheyer, einem Lieblingsdichter der Nazis. Das verzeihe ich mir bis zum heutigen Tag nicht.

Dieser erste ‹Prinz von Homburg› war ein bleibender Eindruck. Ich weiß nicht einmal mehr, wer ihn dargestellt hatte. Die Darbietung wird wohl nicht so umwerfend gewesen sein, es war wohl eher das Stück, das mich gefesselt hat.

Und die Großi sagte, als wir wieder zu Hause waren: ‹Weißt, Oskar, wen ich einmal gesehen habe im Burgtheater? Den Kainz, der hat damals gespielt. Das war ein ganz großer Schauspieler. Solche wie den gibt's bald nicht mehr. Aber ich habe ihn noch gesehen. Wie die feinen Leut haben's da geredet. Richtiges Hochdeutsch. Burgtheaterdeutsch halt.›

Sie zitierte irgendwas, und als sie aufhörte, habe ich sie angefleht, noch mehr auf Hochdeutsch zu sagen. Ein Gedicht vielleicht. Sie tat mir den Gefallen. Ihre Stimme hatte dabei ganz anders geklungen. Das war großes Theater. In Wahrheit war das alles zusammen mein erstes großes Theatererlebnis. Es begann mit dem ‹Homburg› und endete mit meiner Großmutter in ihrer Küche. Vielleicht verstehen Sie jetzt, warum ich den Prinzen noch einmal spielen will.»

Wir aßen schweigend.

«Nein», sagte ich nach einer Weile. «Ich finde das sehr enttäuschend und sentimental. Das ist Ihrer nicht würdig, und auch Ihrem Prinzen von einst nicht. Sie haben den Ruhm zu verlieren, der beste Homburg Ihrer Generation gewesen zu sein.»

«Das hat man mir in Frankfurt nachgesagt. Das zählt nicht. Provinzgeschwafel.»

«Keineswegs. Hätten Sie diesen Homburg damals

in Wien kreiert, er hätte längst nicht solche Wellen geschlagen. Im Gegensatz zu Frankfurt nimmt man doch in Wien Ungewöhnliches als normal hin. Dieser Kuchen schmeckt übrigens hervorragend. Wie nennen Sie ihn?»

«Kigel. Das ist eine alte polnisch-jüdische Bezeichnung dafür. Ich habe sie aus Los Angeles mitgebracht», brummelte er missmutig.

Ich beobachtete ihn schweigend, während er den Kigel mit der Rindfleischsoße in sich hineinschaufelte.

«Es gibt so viele lohnende Rollenaufgaben, die Ihrem Alter entsprechen. Weshalb dieser Rückgriff in eine ferne Vergangenheit, die einen Vergleich nie erlauben wird, selbst wenn Sie eine reife Leistung zustande brächten? Wissen Sie, was Alfred Kerr über Horst Caspar geschrieben hat, als er in London die Kritiken über dessen Berliner Hamlet gelesen hatte? Die deutschen Kritiker hatten Caspar mit Josef Kainz verglichen, den der scharfzüngige Kerr wie einen Halbgott verehrte. Er fuhr also hin, der greise Achtzigjährige, obwohl er verlautbart hatte, nie wieder deutschen Boden zu betreten, eigens, um dieses neue Hamletwunder anzuschauen.»

«Und?» Oskars Laune war dabei, auf den Nullpunkt zu sinken.

«Er schrieb, Caspars Erscheinung und Darstellung sei die eines Seraphen gewesen – ein zweiter Kainz jedoch? Nein, der sei er beileibe nicht. Gerade wegen seiner Engelhaftigkeit. Danach wollte er zurück, erlitt aber einen Schlaganfall und beging in Hamburg Selbstmord.»

«Er war es doch auch, der gegen einen anderen Schauspieler den Spruch prägte: ‹Kainz war ein Genie und Sie sind keins.›»

«Mag sein. Es klingt nach ihm.»

«Ich habe mich eine lange Zeit mit dem Nimbus Caspars herumschlagen müssen», murmelte Oskar unmutig, «ich lebte lang mit seiner Frau zusammen und hatte oft das Gefühl, ihn ebenfalls im Haus zu haben. Selbst im Bett lag er manchmal zwischen uns. Er soll ja sehr lang gewesen sein.»

«Groß, würde ich sagen, groß.»

«Und wie war sein Hamlet tatsächlich?»

«Umwerfend eindrucksvoll. Er war die Reinheit in Person. Nur, und da hatte Kerr schon recht: Wie konnte man sich in der Zeit, unter den Umständen, die Shakespeare beschrieb, eine derartige Reinheit des Charakters bewahren? Das passte nicht zusammen.»

«Haben Sie meinen Hamlet denn gesehen?», rief Oskar und beugte sich zur Pfanne, um den Rest des Kigels herauszukratzen.

«Ja», sagte ich.

Er wartete auf ein Urteil, ein Lob von mir, das aber nicht kam.

«Welchen Kollegen haben Sie noch in der Rolle gesehen?», fragte er, während er den Rest des Kartoffelkuchens in zwei Teile schnitt.

«Quadflieg. Der klang gegen Caspar wie ein hohler Kochtopf. Ich sah ihn bei den Festspielen in Recklinghausen. Ich saß da und hörte bei jedem Vers, den er sprach, gleichzeitig Horst Caspar mit. Es war wie ein unfreiwilliges Synchronsprechen. Aus dieser Aufführung sind mir nur zwei Szenen im Gedächtnis geblieben, die Auftritte des väterlichen Geistes. Hier, und nur hier, beschlich mich nicht das leiseste Gefühl der Lächerlichkeit: Man sah nur den Kopf der Erscheinung, oder höchstens ein Brustbild. Dafür aber gleich mehrfach: Der Regisseur hatte gleich mehrere Kollegen eingesetzt. Sie alle trugen einen Harnisch und leuchteten an verschiedenen Stellen der Bühne auf.

Wenn die eine Erscheinung rechts hinten verschwand, erschien die nächste in der gleichen Rüstung auf der hinteren Bühne ganz links. Phänomenal ausgeleuchtet. Sie kamen Hamlet immer näher, und er, der zunächst den Erscheinungen folgen wollte, verbarg nach erfolglosen Versuchen den Kopf mit Händen und Armen, als wollte er weder sehen noch hören.

Zudem traten die Erscheinungen mit heruntergeklappten Visieren auf, und dafür sprach Hamlet, als käme der Text des toten Vaters aus seinem tiefsten Inneren. Sehr eindrucksvoll, wie gesagt.»

«Das gefällt mir», rief Oskar aus der Küche, wo ein zweiter Kigel fertig war. «War das wirklich eine Regieanweisung, oder hatte da ein Schauspieler seine Einfälle verwirklicht?»

«Nein, nein», rief ich zurück. «Wenn Karl-Heinz Stroux wollte, konnte er. Er litt nur zeitweilig unter dieser Trägheit, die man landläufig unter der Bezeichnung rheinischer Frohsinn kennt.»

Oskar tauchte lachend mit der zweiten Pfanne auf und stellte sie auf den Tisch.

«Der ist noch besser gelungen», sagte er. Die goldgelbe Kruste dampfte und löste nicht nur bei mir eine echte Fressgier aus. Ich erinnerte mich an die Kochkünste meiner Mutter, bei der mir immer alles geschmeckt hatte. Oskar, als hätte er meine Gedanken erraten, erzählte, während er den Kigel in tortenähnliche Stücke schnitt und offensichtlich Mühe hatte, durch die dicke, wundervoll duftende Kruste zu dringen, dass er dieses Rezept, mitsamt dem für die Rindersoße, von einer älteren jüdischen Dame aus Polen erhalten habe. Das Geheimnis sei eine ganze Liste verschiedener Gewürze, die er jetzt nicht aufzählen wolle.

Die Dame konnte sich vor den gewalttätigen Antisemiten nach Österreich retten und hatte zeitweiligen Aufenthalt in seiner Wiener Wohnung genommen. Bevor sie sich eines Tages verabschiedete und zu ihren übriggebliebenen Verwandten nach Israel floh, machte sie ihm das Kigelrezept zum Geschenk.

«Sie hat es oft für mich gekocht, denn ich konnte nicht genug davon bekommen. Dabei bin ich eigentlich kein verfressener Kerl. Ich habe, solange ich denken kann, mehr zum flüssigen Brot geneigt», grinste er schuldbewusst, «in ihren Kigel mit Soße aber hätte ich mich hineinsetzen können. Apropos, flüssiges Brot, trinken Sie Slivovitz? Ich kann Ihnen einen sehr guten anbieten, fünf Jahre alt. Er passt ausgezeichnet zum Kigel. Ich habe ein paar Flaschen von meinem letzten Besuch aus Prag mitgebracht.

Es gibt dort einen kleinen Laden zwischen Teynkirche und Kinskypalais. Ich werde bald einmal wieder hinmüssen. Ein animierendes Getränk. Als Zwischenmahlzeit zwischen Fernet-Branca und Grünem Veltliner, mögen Sie?»

Ich lehnte dankend ab. «Kinsky, sagten Sie?»

«Palais Kinsky», verbesserte er mich. «Alter böhmischer Adel. Mit dem verrückten Kollegen gibt es da keine verzwickten Verwandtschaftsverhältnissc.»

«Das erinnert mich doch sehr an meine Anfänge in Berlin», bemerkte ich nach einer Weile, während er mir ein weiteres Stück Kigel auftrug.

«Erzählen Sie», sagte er, nachdem er den letzten Bissen hinuntergeschluckt hatte. Seine Tischmanieren waren erstaunlich. Er aß wie ein König. Man konnte ihm unentwegt zusehen. Es war ein ästhetischer Genuss, während man selbst immer mehr verkrampfte.

«Warum essen Sie nicht?», rief er. «Es macht mir heutzutage nichts mehr aus, Leute mit vollem Mund schwätzen zu sehen. Vor ein paar Jahren hätte ich noch gnadenlos jeden dafür hinausgeworfen. Man wird eben konziliánter mit dem Alter. Erzählen Sie also.»

«Ich rede nicht gern mit vollem Mund», protestierte ich. «Es ist so anstrengend, dabei deutlich zu bleiben. Und darüber hinaus: Wenn man dabei Ihre Tischmanieren beobachtet, verkrampft man ja auch allmählich.»

«Ihretwegen muss ich aber jetzt keine Schmatzkonzerte aufführen, oder?»

«Nein, nein. Es sei denn, Sie hätten Spaß daran.»

«Nicht unbedingt. Schmatzen Sie also und erzählen Sie.»

«Der Kinski schmatzte übrigens bei Einladungen immer sehr lautstark.»

«Wollte er provozieren, oder konnte er nicht anders?»

«Keine Ahnung», antwortete ich. «Haben Sie jemals mit ihm gespielt?»

«Nie», entgegnete er mit leicht angewiderter Miene. Aber Sie scheinen ihn näher gekannt zu haben, nehme ich an.»

«So kurz nach dem Krieg kannte jeder fast jeden, vor allem am Theater. Wenn man da mit siebzehn Jahren am Deutschen Theater Berlin engagiert war, lebte man von der spärlichen Gage und von der Hochnäsigkeit. Meine Mutter hatte zwar nach längeren Verhandlungen mit der Direktion ihr Einverständnis gegeben, mich dann aber allein gelassen. Ihr einziger Kommentar: ‹Du kommst raus, machst Faxen. Mehr sage ich nicht zu deiner Berufswahl. Sieh zu, wie du damit zurechtkommst.›

Ich hatte ein riesiges Dachzimmer in Eichkamp gemietet. Lange Schnüre waren quer durch den Raum gespannt, an denen hing meine Kleidung, manchmal aber auch nasse Wäsche zum Trocknen. Zwei Matratzen, die man zur Not nebeneinanderlegen konnte, zusammenklappbare Gartenstühle, vier Stück glaube ich, und ein fabelhafter Schreibtisch aus ich weiß nicht welchem Jahrhundert, das war mein ganzes Mobiliar. Es blieb viel Platz. Man hätte ein Zimmertheater darin einrichten können. Hätten Sie noch einen Schluck Wein für mich, oder habe ich Ihnen schon alles weggetrunken?», unterbrach ich mich.

Er stand auf, verschwand wortlos und kam ziemlich schnell mit einer schon geöffneten Flasche zurück. Stumm füllte er unsere Gläser, setzte sich und sah mich an. Die stille Aufforderung hatte beinahe etwas Kindliches an sich – wie er so dasaß, mit diesem erwartungsvollen Blick. Ich konnte mich gar nicht sattsehen an seiner ruhigen Naivität. So mochte er früher, zu Beginn seines Rollenstudiums, ausgesehen haben. Losgelöst von der Welt, von seinen realen Erfahrungen. Unbeschrieben, unversehrt von allem, was er bereits erlebt hatte.

«Nun?», fragte er schließlich und nippte an seinem Weinglas.

Auch ich griff nach meinem Glas, trank nun, im Gegensatz zu ihm, heftig und mit großen Schlucken.

Er beobachtete mich aufmerksam. Ich setzte mein Glas ab, das er mir gleich wieder füllte, und fuhr in meiner Schilderung fort.

«Ich fühlte mich sehr wohl in diesem Zimmer. Ich lud oft meine Kollegen aus dem Deutschen Theater zu dramatischen Versuchen ein, meistens mit Texten aus Vorstellungen, die gerade auf dem Spielplan standen.»

«Welche zum Beispiel?»

«Romeo und Julia, zum Beispiel.»

«Haben Sie den Romeo gespielt?»

«Nie», erwiderte ich.

«Ich auch nicht. Aber Sie wären ein guter Romeo gewesen. Mit Ihrem südländischen Aussehen. Stattdessen interessieren Sie die Bestien à la Jean.»

«Der Jean war meine bisher erste Bestie. Ansonsten Hamlet, Don Karlos, Posa, Tasso. Von denen ist, wie Sie ja selbst wissen, keiner bestialisch.»

«Haben Sie nicht auch den Angelo in ‹Maß für Maß› gegeben?»

«Den sehe ich aber weniger als Bestie. Angelo ist ein schwieriger Charakter, der an seinen selbstgewählten Maßstäben zerbricht, weil er sie zu hoch gesteckt hat. Seine Sittenstrenge ist eigentlich nur vorgetäuscht. Er klammert sich an sie, damit nicht offenbar wird, dass er kein sehr beliebter Mensch ist, vor allem, schmerzlich, nicht bei den Frauen. Und als ihn die schöne Isabella um Gnade für ihren Bruder bittet, der zum Tode verurteilt ist, weil er seine Verlobte schon vor der Hochzeit geschwängert hat, reißt Angelos Moralkorsett erst recht. Denn die Verlobte ist die von ihm selbst sitzengelassene Mariana. Nun ja, wenn sie hässlich genug besetzt ist, könnte das einleuchten. Sie durfte ja nicht wählerisch sein.

Eigentlich müsste Angelo sich am Ende umbringen, wenn der Herzog ihm die angebetete Isabella wegschnappt, von der er brüsk abgelehnt wurde. Aber in einer Komödie bringt man sich am Ende nun mal nicht um.»

«Eben», stimmte Oskar mir zu. «Es ging damals auf der Bühne zu wie bei uns heutzutage im Fernsehen. Der Zuschauer darf nur mäßig erschreckt werden. Leichen und Mörder bitte nur im Krimi. Unter diesem Druck stand der große William wahrscheinlich auch. Nur hießen damals die bestimmenden Leute noch nicht Dramaturgen oder Redakteure.» Er setzte ein grimmiges Lächeln auf, das ihm gar nicht stand. «Und was ist nun mit dem verrückten Kinski? Wie gut kannten Sie ihn?», fragte er ungeduldig. «Kann man mit ihm befreundet sein?»

«Sie werden staunen, man kann. Er ist ein ausnehmend treuer Mann. Er lässt sich nur nicht gern von oberflächlichen Bekanntschaften kritisieren. Da setzt er Stierhörner auf. Das geht dann in etwa so: ‹Was weißt du schon über mich und meinen Beruf, du Nalle, mit deiner Quäkstimme. Hab erst mal den Mut, dich zu deinen Jahren zu bekennen›, brüllte er einmal eine Reporterin an, und wenn sie nicht die Beine in die Hand genommen hätte, hätte sie sich vielleicht noch Ohrfeigen von ihm eingefangen.»

«Was hatte ihn denn so wütend gemacht?» Oskar saß plötzlich kerzengerade in seinem Sessel. Doch die Richtung seines Blicks irritierte mich, regte mich geradezu auf. Er sah mir nämlich nicht in die Augen, er sah konsequent und sehr konzentriert auf meinen Mund.

«Sie hatte ihm zu verstehen gegeben, dass er sie weniger als Schauspieler, vielmehr als Mensch und ungewöhnlicher Frauenhasser interessiere: Nach allem, was man so von ihm höre, betrachte er Frauen in erster Linie als sexgierige Tiere, die man nur im Bett näher an sich heranlassen dürfe.»

«Also, von meiner Watschen wäre sie an die Wand geflogen, bei so einer Unterstellung», rief Oskar. «War er nicht schnell genug?»

Seine grimmigen Züge weichten langsam auf.

«Ach, so sehr neben der Schiene lag sie wohl nicht», klärte ich ihn auf. «Es waren auch bei uns stets Frauen, die wir aufs Korn nahmen, wenn wir uns makabre Späße erlaubten, Kinski und ich. Damen mit Hündchen auf dem Kurfürstendamm hatten es uns besonders angetan. ‹Na, Schmorbraten, komm, mein kleiner Schmorbraten›, begrüßten wir das Tier, wenn die Dame schon an uns vorbeigelaufen war, ‹unsere Pfanne ist noch warm.›»

«Sehr zweideutig», monierte Oskar. «Wie alt waren Sie denn damals?»

«Ich sagte es doch schon, siebzehn, achtzehn.»

«Zu alt für derartige Geschmacklosigkeiten.»

«Aber Sie haben sich eben auch auf die Lippen gebissen, um nicht lachen zu müssen», sagte ich.

«Dann hätte ich eben unter meinem Niveau gelacht. Noch weitere solche Schmankerl?»

«Wie gesagt, es waren stets Damen älterer Jahrgänge, auf die wir es mit den Späßen abgesehen hatten. Vor allem in den vornehmeren Stadtteilen Berlins. Diese Bezirke waren von den Kriegseinwirkungen nicht so ramponiert, die Volksgenossen mit der Großkohle hatten die ganze schwere Zeit ruhig in ihren Villen gehockt oder waren gerade wieder eingezogen, seitdem die Westalliierten in der Stadt mitregierten.

Da flanierten sie also in ihren hinübergeretteten teuren

Klamotten über die wiederhergestellten Einkaufsmeilen und beäugten kritisch die Auslagen. Wir gingen hinter ihnen her und flüsterten laut: ‹Was für 'ne tolle Figur die beiden Damen doch haben!› Den Damen fuhr es wie ein Blitz ins Kreuz.

‹Und der Hintern und die Beine›, schwärmten wir weiter, ‹die hören ja gar nicht mehr auf. Die erinnern stark an Marlene. Die zwei sehen wirklich aus wie die Dietrich, eine wie die andere.›»

Daraufhin blieben sie stehen, und eine drehte sich um.

‹Ach du lieber Gott›, rief Kinski, ‹aber von vorn eher wie Marlene nach ihrer Beerdigung.›

Dann machten wir, dass wir davonkamen, damit wir das Gekeife hinter uns nicht lang hören mussten.»

«Schrecklich, was man den armen Frauen immer wieder antut. Wenigstens sterben lassen sollte man sie in Ruhe.» Er nahm die Flasche mit dem Fernet-Branca zur Hand. «Verzeihen Sie, mit dem Weißen muss ich einen Moment pausieren. An manchen Tagen fackelt er mir fast die Magenwände ab. Und den Roten mag ich nur bedingt. Wissen Sie übrigens, dass Sie schon eine ganze Weile mit diesem ekelhaften Preußenakzent sprechen?»

«Sie lassen sich mit Ihrem Gumpendorfer Wienerisch auch nicht lumpen, oder? Jedenfalls wissen wir jetzt voneinander, wo wir herkommen», gab ich amüsiert zurück.

«Wie auch immer, eines sollten Sie in meiner Gegenwart nicht von sich geben: das Wort ‹jawoll›. Zumal in diesem Dialekt. Denn dann müsste ich Sie rausschmeißen.»

«Jetzt erinnern Sie mich daran, dass ich schon längst in meinem Hotel sein sollte.»

«Nein», rief er. «Sie haben ja gar nicht ‹jawoll› gesagt. Ich weiß, der Alkohol zieht einem die geselligen, verlogenen Masken vom Gesicht, aber in dem Fall kann ich doch auf eine weitere Demaskierung verzichten, oder? Versprechen Sie es?»

«Ich verspreche es.» Und prostete ihm zu.

Als kleine Entschädigung konnte ich ihm meine Bekanntschaft mit der Käthe Reichel anbieten. Er kannte sie, oder besser, sie war ihm ein Begriff. Nicht nur über Bert Brecht. Der hatte sich ja viele größere Zuneigungen geleistet, und eine davon, wohl eine sehr ernsthafte, war die zur Reichel. Eigentlich hieß sie ja Waltraut – Waltraut Reichelt.

«Noch eine Namensänderung?», fragte er

«Sie hat ja nur den Vornamen entscheidend geändert. Hätten Sie Waltraut heißen wollen?»

«Keinesfalls, dann eher Bschließmayer», meinte er lachend.

Wir stießen vorsichtig das Weinglas und das Fernetglas aneinander und tranken uns zu.

«Es war die Zeit meines ersten Vertrags in Berlin.»

«Sie waren siebzehn, nicht wahr? Ich war ein Jahr jünger. Aber sonst gleichen sich unser beider Anfänge wie ein Ei dem anderen.»

Bschließmayers Triumph, dachte ich. Sicher meinte er nur, was unsere Anfänge am Theater betraf. Mein Privatleben war ihm unbekannt, und dabei sollte es auch bleiben.

«Das könnte Ihnen so passen», wurde ich in meinem Gedankengang unterbrochen – allmählich wurde mir seine Gedankenleserei unheimlich. Las er in meiner Miene wie in einem offenen Buch, oder hatte mich der Alkohol schon so im Griff, dass ich tatsächlich laut dachte, ohne es zu merken?

«Sie sind doch schon dazu in der Lage, meine halbe Biographie zu verfassen, während Sie hier als ein absolut Fremder vor mir sitzen und mir meinen besten Veltliner wegsaufen.» Er grinste mich herausfordernd an.

«Sie haben mich doch zum Hierbleiben gezwungen, sonst würde ich längst in meinem Hotelbett liegen und schlafen.»

Er ging darauf nicht ein.

«Sie hatten doch vor, mir etwas über die Waltraut Reichelt zu erzählen», erinnerte er mich.

Ich schwieg. Weshalb eigentlich? Er war mir unheimlich, aber ich war ja nicht beleidigt oder gar böse auf ihn. Also, warum zögerte ich? Er wartete geduldig. Und wiederholte seine Bitte. Gestik und Ton wurden immer knabenhafter. Als das auch nichts nützte, schlug er mit der Hand auf die Glasplatte und rief, dass er jetzt die Reicheltgeschichte hören wolle. Es sei ein preußisch schlechtes Benehmen, das ich hier aufführe, und er sei es nicht gewohnt, so behandelt zu werden.

«Wenn Sie das Preußentum so beschimpfen, könnte man es wieder einmal mit einem kleinen Einmarsch versuchen», sagte ich und legte so viel Drohung in meine Stimme, wie ich nur fertigbrachte.

«Selbst als Witz war das geschmacklos», flüsterte er tonlos.

Ich entschuldigte mich sofort. «Ich bin ja überhaupt kein Preuße. Meine Vorvorfahren kommen doch aus Jerusalem.»

Danach schlug ich ebenfalls auf die Glasplatte, die wieder diesen hellen Ton von sich gab. «Seltsam, dieser singende Couchtisch. Haben Sie da irgendetwas eingebaut?», lenkte ich ab.

Er ging nicht darauf ein.

«Jerusalem», fragte er vorsichtig. «Kommen Sie daher?»

«O nein», erwiderte ich. «Ich wurde in Chemnitz geboren, dem heutigen Karl-Marx-Stadt.»

Bschließmayer lachte laut auf. «Der war auch Jude», rief er. «Passt doch. Also, erzählen Sie, wie war das mit Ihrer Waltraut?»

«Sie ist keine Jüdin.»

«Nun gut und weiter?»

«Ich kam mit meinem Vertrag in der Hand in die Kantine, in der mich schon junge Kollegen erwarteten, die ihn mit mir ausgiebig begießen wollten. Auf dem Weg dorthin musste ich einen Vorraum durchqueren, in dem ein paar blank gescheuerte Tische standen. An einem der Tische saß eine junge Frau mit einem sehr runden Gesicht und, wie sich schnell herausstellte, einer ebensolchen Figur.

‹Herzliche Gratulation›, sagte sie. ‹Obwohl ich vor Neid platze.›

Ich blieb überrascht stehen, denn ich kannte sie nicht, hatte sie noch nie gesehen.

‹Waltraut Reichelt›, stellte sie sich höflich vor und stand ebenfalls auf.

‹Wollen Sie denn auch zur Bühne?›, fragte ich und sah an ihr hinunter.

‹Ich will nicht, ich muss›, antwortete sie. ‹Seit einem halben Jahr sitze ich hier jeden Tag und warte darauf, dass mich jemand anspricht, der in diesem Haus etwas zu sagen hat, und mich vielleicht zu einem Vorsprechen einlädt. Wie haben denn Sie das geschafft?›

‹Ich habe mich zur Statisterie gemeldet. Man suchte dringend junge Leute für die Hamlet-Aufführung.›

‹Junge Männer, meinen Sie, oder?›

‹Kommen Sie mit hinein zu den Kollegen›, schlug ich kurz entschlossen vor. ‹Vielleicht findet sich ja jemand, der auf Sie anspringt.›»

«Taktlos», empörte sich Bschließmayer.

«So war es aber nicht gemeint, und sie hat es auch nicht so verstanden. Jetzt nahm ich sie erst so richtig wahr. Klein, pummelig, mit dunkelblonden Strähnen, die ihr ständig ins Gesicht fielen. Wie war ich bloß auf den Gedanken gekommen, sie mit in die Kantine zu nehmen? Was wollte sie am Theater? Ihre Augen allerdings hatten etwas – eine besondere Farbe. Grau, oder bräunlich, mit einem seltsamen Glimmen. Später entdeckte ich, dass man sie, symbolisch gesprochen, nur anzuhauchen brauchte, um ein echtes Feuer in ihnen zu entfachen. Sie streckte mir die Hand hin.

‹Ihren Namen kenne ich schon.›

Ich nahm ihre Hand, schüttelte sie und fragte mich im Stillen: Warum tue ich das eigentlich? Dann zog sie mit mir in die große Kantine. Es wurde gefeiert. Erst am frühen Morgen schloss man hinter uns die Türen, und wir überlegten, wo wir die Nacht noch ein bisschen verlängern könnten. In meiner Bude, schlug ich vor. Etwas zu trinken bekämen wir schon irgendwo, und bei mir würde uns mit Sicherheit keiner rausschmeißen.

Wir waren nur noch wenige, die meisten Kollegen hatten sich längst verabschiedet. Übrig geblieben waren neben mir Alfred Cogho, Michael Tellering, Peer Schmidt, die Reichel.

Schon in der Kantine hatten wir uns ausgiebig mit Waltraut beschäftigt, hatten sie gefragt, wie sie auf den Gedanken gekommen sei, zur Bühne zu gehen. Das wisse sie nicht, hatte sie geantwortet. Sie habe die berühmte Joana Maria Gorvin als Gretchen im ‹Urfaust› gesehen, in einer Fehling-Inszenierung, und da habe sie gedacht: das könne sie auch.

Wir haben uns vor Lachen auf die Schenkel geschlagen, aber sie blieb ganz ernst. Bei mir zu Hause bedrängten wir sie immer wieder, eine Probe ihrer Schauspielerei zum Besten zu geben. Wir sagten: Jeder von uns würde etwas darbieten, aber sie müsse den Anfang machen.

‹Morgen vielleicht, nicht heute›, meinte sie trocken. ‹Aber wenn ihr noch was von dem miesen Wein für mich habt, lasse ich vielleicht mit mir reden.›

Wieder lachten wir hysterisch und husteten uns dabei

fast die Lungen aus dem Hals. Und wieder blieb sie sehr ernst.

Sie griff nach dem Wein, den ich ihr eingoss, und trank in großen Schlucken. Dann nahm sie kurz entschlossen einen Stuhl, stellte ihn mitten ins Zimmer und setzte sich darauf. Sie sah uns unverwandt an. Nun trat Ruhe ein. Wir hockten uns auf den Boden und warteten.

‹Was willst du denn sprechen?›, fragte ich nach einer Weile.

‹Gretchen.›

Alfred Cogho fing erneut an zu kichern, und wir hatten Mühe, uns nicht von ihm anstecken zu lassen. Sie sah weiterhin zu uns her, nun mit todtraurigem Blick, und schien sich doch gleichzeitig immer mehr von uns und aus meinem Zimmer zu entfernen.

‹Am Spinnrad›, sagte sie leise.

Ich sah zu Cogho hin. Er hielt sich wacker, verzog keine Miene, er war nun von dem natürlichen Selbstbewusstsein des Mädchens doch einigermaßen beeindruckt. Sie war tatsächlich zu einem Mädchen geworden. Ihre Augen, so schien es mir, hatten sich stark verändert, als hätten sie ein tiefes Blau angenommen.

Ich versichere Ihnen, ich hatte noch nie zuvor einer solch schmerzenden Verzweiflung zugeschaut, hatte nie ein so inbrünstiges Flehen um Hilfe gehört und ein so vollständiges Verschmelzen von Rolle und Vortragender gesehen. Nicht einmal bei der Gorvin.

Bis zum Ende saß sie einfach da, sie bewegte sich nicht viel. Die Stille schien endlos lang zu dauern. Plötzlich stürzte Freddy Cogho zu ihr, kniete sich vor ihr hin, griff nach ihren Händen, küsste sie und murmelte ‹Verzeihung, Verzeihung›. Ich habe bis heute nie wieder eine solche unfassbare Innigkeit auf der Bühne erlebt. Auch nicht mehr bei ihr selbst, in ihren späteren, großen Rollen bei Brecht im Berliner Ensemble. Kurz und knapp, sie war ein Ereignis. Und sie ist es mehr oder weniger immer geblieben.»

Oskar Bschließmayer hatte mir sein rechtes Ohr zugewandt, als könne er so besser zuhören, schwieg aber weiterhin, und ich vermutete, dass er mehr wissen wollte, aber Hemmungen hatte, mich zum Erzählen aufzufordern. Dann fragte er leise, ob sie älter gewesen sei als ich. Ich antwortete, es könne sich höchstens um zwei Jahre gehandelt haben. Ob ich denn mit ihr liiert gewesen sei, fragte er weiter. Auch das bestätigte ich.

«So, wie Sie gerade sprachen, redet man von einer Frau nur, wenn man mit ihr verbandelt war.»

Auch er hatte sich ja in seiner Anfangszeit am Burgtheater in eine Kollegin verliebt. Die Ehe mit Elisabeth Kallina scheiterte zwar, aber die beiden blieben einander in innigster Freundschaft verbunden, auch noch nach seiner dritten Hochzeit. Sie besuchte ihn an den verschiedenen Drehorten in den Staaten und pflegte eine freundschaftliche Beziehung mit ihrer Nachfolgerin, seiner letzten Ehefrau.

In den Kriegsjahren jedoch, als sie sich kennenlernten, war es gefährlich, eine heimliche Eheschließung zu unternehmen. Sogar den Wiener Kardinal Innitzer baten sie um eine freilich schlichte Trauung. Doch der lehnte diese «Zumutung» brüsk ab. Die Ehe mit einer Halbjüdin? Nein, und auch nicht, wenn sie der katholischen Kirche angehörte. Ein befreundeter Dominikanerpater wagte es dennoch. Und so besiegelten sie ihre Verbindung am 31. Mai 1944, nach der sogenannten Noteheschließungsreform. Raoul Aslan und Alma Seidler waren die Trauzeugen. Zwei Jahre später, im September 1946, wurde die Ehe in der Stanislauskapelle der Wiener Peterskirche noch einmal offiziell und feierlich geschlossen, und kurz darauf, im Oktober 1946, wurde aus Oskar Josef Bschließmayer, nun amtlich beglaubigt: Oskar Werner.

«Wir hatten es damals ziemlich eilig», erzählte er. «Die Elisabeth erwartete unser erstes Kind, und sie wollte es unbedingt legitim auf die Welt kommen lassen. Sie ist ja seit frühester Kindheit tiefgläubig, und die Ablehnung durch den Kardinal hat ihr sehr zugesetzt.»

Direkt nach dem Krieg war noch immer sie es, die die großen Rollen spielte, während er, der zwölf Jahre jüngere Berufsanfänger, oft nur zuschauen durfte oder kleine und kleinste Aufgaben zu erfüllen hatte.

Er wollte wissen, ob ich jemals mit Waltraut Reichel zusammen auf der Bühne gestanden hätte. Ich war davor immer zurückgeschreckt. Denn wir waren einander zu nah, um uns mit fremden Namen und Texten oder gar in historischen Kostümen anzusprechen.

«Ich und meine Frau hatten öfter die Gelegenheit», meinte Oskar. «Einmal jedoch tat ich es, ohne es sie wissen zu lassen. Sie spielte die Tochter des spanischen Königs, die während einer Messe vor einer Reihe von Mönchen zu knien hat. Ich zog ein Mönchskostüm an und ging mit den Kollegen auf die Bühne. Als sie dann aufschaute, sah sie mir direkt in die Augen. Ich zog ein gottgefälliges Gesicht, und sie erschrak ganz fürchterlich. Ich habe ihr danach versprechen müssen, so etwas nie wieder zu tun.

Ein anderes Mal habe ich mich in die Nullgasse hinter den Feuerwehrmann gestellt und lautstark gerülpst. Sie sah zu mir her, unterdrückte mühevoll ein Lachen, während der Feuerwehrmann dachte, das gehöre zur Darstellung, und sofort beiseitetrat. Das machte sie nun völlig fertig. Sie drehte dem Zuschauerraum den Rücken zu und hielt sich den Bauch vor Lachen. Als meine Aufgaben jedoch größer und komplizierter wurden und meine Freizeit knapper, ließ ich diese Späße. Soll ich Ihnen etwas gestehen? Im Grunde war ich neidisch. Neidisch auf ihre großartigen Rollen, auf sie – obwohl ich mir das lange nicht eingestehen wollte.»

«Was war eigentlich Ihre absolute Lieblingsrolle?», fragte ich. «Vom Hamlet einmal abgesehen, den Sie ja immer als Ihren Zwillingsbruder betrachtet haben.»

Er sah mich misstrauisch an, forschend. Er fragte sich wohl, ob ich ihn gerade verspottete, denn vom Hamlet-Zwilling las man sehr häufig in Interviews mit ihm.

«Warum denn vom Hamlet absehen?», fragte er langsam. «Wenn es eine Rolle gibt, die ich wirklich zum Leben erweckt habe, dann war es der Hamlet. Mein großer

Vorgänger in diesem Part, der Herr Kainz, dessen Interpretation zu seiner Zeit als unüberbietbar angesehen wurde, ist nach meiner Darstellung zu seinem Nachteil kritisiert worden.»

«Nun, sicherlich haben Sie solche Vergleiche der Presse, von der Sie ja nicht viel halten, doch allenfalls überflogen?»

«Ihren Spott können Sie sich sparen», erregte er sich. «Ich musste es gar nicht selbst lesen. Es ist mir berichtet worden. Am Telefon, im Theater und von vielen Kollegen, denen der Neid nicht aus den Augen schaute.»

«Ich bin nicht neidisch, auf keinen. Das wird niemand von mir sagen können. Und schon gar nicht auf Sie», erklärte ich sehr bestimmt. «Im Gegenteil, ich gehöre zu Ihren größten Bewunderern. Das müssen Sie mir glauben, denn ich hatte es selbst mit Neidern zu tun, die ich teilweise zu meinen liebsten Kollegen zählte.

Als ich meinen ‹Hamlet› am Münchner Residenztheater spielte, saß einer von ihnen eines Abends in der Vorstellung. Und gerade hatte ich den Sein-oder-Nichtsein-Monolog begonnen und eine Kunstpause eingelegt – da hörte ich eine Stimme aus dem Zuschauerraum den Text fortsprechen. Ich erkannte sie sofort, redete nach einem kleinen Schock aber weiter. Niemand im Publikum wunderte sich. Wahrscheinlich nahm man an, die Regie habe sich einen besonderen Einfall erlaubt.»

«Und Sie haben ihn nicht zur Rede gestellt?», fragte Bschließmayer.

«Nein, wir trafen uns danach wie stets in der Kulisse,

einem Lokal auf der Maximilianstraße, und taten, als wäre nichts geschehen. Einige Zeit später jedoch, nach der Premiere seines zweiten Richard, ließ ich mir einen Platz in der ersten Reihe reservieren. Aus der Szene, in der der König von Bolingbroke zur Abdankung und Kronenübergabe gezwungen wird, machte der Kollege ein großes Spektakel. Er konnte sich einfach nicht entschließen, die Krone aus der Hand zu geben, zog sie immer wieder zurück und gab dabei Töne von sich, die sich wohl wie ein unterdrückter Weinkrampf anhören sollten, tatsächlich aber wie Schniefen bei einem schweren Schnupfens klangen. Genau darauf hatte ich gewartet. Als er zum dritten Mal die Krone zurückzog und zum Schniefen ansetzte, ließ ich ein lautstarkes ‹Hatschi!› los. Erst herrschte eisige Stille im Zuschauerraum, aber dann konnte man die Leute im ganzen Saal kichern hören. Der befreundete Kollege schaute zu mir herunter und hob drohend die Arme.

‹Schön›, sagte er danach, als wir uns in der Kulisse trafen, ‹du hast sogar einen Lacher gehabt. Gratulation.› In meinem ‹Hamlet› hat er sich nie wieder sehen lassen.»

Bschließmayer war empört. Er konnte es nicht fassen, dass sich so etwas während einer ‹Hamlet›-Aufführung zugetragen haben konnte. Da setzte ich noch eins drauf und erzählte, amüsiert über seine Fassungslosigkeit, was sich bei meinem Frankfurter ‹Hamlet› ereignet hatte, mit dem wir zum Berliner Theatertreffen eingeladen worden waren.

Der Kollege, der den Laertes gab, ein junger Mann, der

sehr unter seiner früh beginnenden Kahlheit litt, hatte sich während des Gefechts mit Degen und Stoßklinge einmal nicht weggeduckt, als er es sollte. Ich, der ich einen Hieb gegen seinen Kopf auszuführen hatte, konnte nicht mehr reagieren und verletzte ihn am Schädel. Gott sei Dank war es nur eine Platzwunde – allerdings hing nach dem unglücklichen Hieb seine Perücke an meiner Degenspitze. Das donnernde Gelächter des Berliner Publikums brauche ich Ihnen sicher nicht zu schildern.

Bei einem weiteren Gastspiel mussten wir plötzlich einen neuen König suchen. Unser alter lag mit fiebriger Grippe im Hotelbett. Wir fanden einen Kollegen aus Mannheim, der sich bereit erklärte, den Part nach anderthalb Tagen Probe zu übernehmen. Er hatte den König vor längerer Zeit schon einmal gespielt und glaubte, sich noch an einiges erinnern zu können. Den Text hat er förmlich in sich hineingefressen, und wir probten in der kurzen Zeit sehr intensiv mit ihm. Es war geradezu erstaunlich, wie locker und unaufgeregt er alles bewältigte. Nur an einer Stelle in der Thronrede machte er stets den gleichen Fehler. Da hatte er zu sagen: ‹Wir schreiben hier an Norweg, Ohm des jungen Fortinbras …› Aber statt Norweg sagte er immer wieder Norfolk, obwohl wir ihn mehrfach darauf aufmerksam gemacht hatten, dass Norfolk in England, Norweg jedoch in Skandinavien beheimatet sei. Er versprach, dass der Fehler am Abend nicht vorkommen werde.

Die Aufführung kam, und er tönte im Brustton der Überzeugung ‹Norfolk› in den Raum. Gleich darauf stockte er, sah mich an und rief mit ebenfalls sonorer Stimme: ‹Oh, Entschuldigung!› Das war natürlich ganz und gar unpassend, der König würde sich niemals entschuldigen. Es fiel aber fast niemandem auf. Egal, trotz all dieser Vorkommnisse liebte ich die Rolle und habe sie in den verschiedensten Inszenierungen und an unterschiedlichen Häusern gespielt.»

«Sie müssen ihn also sehr oft gespielt haben», stellte Oskar fest.

«An die dreihundert Mal», sagte ich.

«Hat sich Ihr Hamlet im Lauf der Zeit gewandelt?»

«Ich bin härter, bitterer geworden. Es ging mir nicht mehr nur um den Racheauftrag des Vaters. Im Gegenteil, ich misstraute seinem Geist mehr und mehr, da mir klarwurde, dass es solche Könige immer wieder geben könnte und auf die Vernichtung sofort der nächste kommen würde.»

«Trotzdem haben Sie ihn am Ende töten müssen. Oder wurde das in Ihren Fassungen gestrichen?», fragte er sarkastisch.

«Natürlich nicht. Aber das war lediglich eine Reaktion auf den tödlichen Anschlag des Königs, von dem Laertes Hamlet im Sterben beichtet.»

«Das kann nicht sein», protestierte Oskar und sprang auf. «Das käme doch einer Verfälschung nahe! Denn Hamlet weiß doch von Anfang an, dass er diesem Auftrag nicht gewachsen ist. Hätte er sich sonst in den gespielten Wahnsinn geflüchtet?»

Er lief erregt im Raum auf und ab, während ich ihm zu erklären versuchte, dass Hamlet nach Gewissheit sucht und der Erscheinung des Geistes nicht zu trauen sei. Ich zitierte: «Der Geist, den ich gesehen, kann ein Teufel sein. Der Teufel hat Gewalt, sich zu verkleiden, in lockende Gestalt.»

«Ausreden, nichts als Ausreden», widersprach Oskar immer heftiger. «Hamlet wäre niemals imstande gewesen, einen Menschen zu töten, selbst einen so mörderischen König nicht.»

«Und wie erklären Sie sich dann die Ermordung des alten Polonius in den Gemächern der Mutter? Und die Kaltblütigkeit, mit der er dessen Leiche hinausschleppte? Oder die Tötung von Rosenkranz und Güldenstern durch den König von England, die Hamlet an seiner statt über die Klinge springen lässt, ohne dass sein Gewissen auch nur die mindeste Anstalt macht, ihm in den Arm zu fallen?»

Wiederum bestritt Oskar vehement: Das wären stets äußerste Notfälle gewesen, Verteidigung des eigenen Lebens. Letzten Endes pflichtete ich ihm bei, da ich ihn nicht weiter provozieren wollte.

Nach einem Moment des angespannten Stillschweigens erhob ich mich und erklärte mit aller Bestimmtheit, dass ich mich nun aber verabschieden müsse. Er könne mir jetzt wirklich ein Taxi herbeirufen.

«Nein, nein», rief er und hielt mich an den Händen fest. So könne ich ihn nicht verlassen. Ich könne doch ausschlafen, ich hätte ja morgen wohl keine Nachmittagsvorstellung zu absolvieren.

Nachdem er beide Gläser aufs Neue gefüllt hatte, stieß er mit seinem Glas an das meine und rief begeistert: Jetzt könne man zu einer weiteren Entblätterung schreiten! Im Übrigen habe er ja meine letzte Frage noch gar nicht beantwortet. Wir tranken also, nahmen wieder Platz, versuchten aber, noch etwas befangen von unserer Hamlet-Debatte, dem Blick des anderen auszuweichen.

«Vergessen wir doch den Hamlet», lenkte er nach einer Weile ein. «Sie hatten mich vorhin nach meiner liebsten Rolle gefragt, nicht wahr?»

Ich wollte ihn unterbrechen, doch er ließ mich nicht zu Worte kommen.

«Vom Hamlet einmal abgesehen, natürlich. Ich denke, es war der Doktor Schumann im ‹Narrenschiff›. Doktor Wilhelm Schumann. Vielleicht ist Ihnen der Film nicht entgangen. Ich habe die Rolle anfangs nicht sehr gemocht und konnte keinen Kontakt zu ihr bekommen, doch mit der Zeit, und wir probten vor den Aufnahmen sehr ausgiebig, näherte ich mich ihm. Allerdings mehr physisch als psychisch.

Wie soll ich es Ihnen schildern? Ich hatte gerade wieder einen Versuch hinter mir, meine Sauferei aufzugeben, und fühlte ab und zu ein starkes Brennen in der Brust. Es mag Einbildung gewesen sein, die von der Rolle kam, da der Schumann ja ständig mit seinen Herzattacken zu kämpfen hat. Aber die Schmerzen empfand ich, und ich war nahe daran, einen Arzt aufzusuchen, ein wenig sogar mit dem Hintergedanken, mich krankschreiben zu lassen. Aber als die Aufnahmen beendet waren, ließ der

Schmerz nach, ich verfiel wieder dem Alkohol, und das Brennen kam nicht zurück.»

Als das Gespräch vor einigen Stunden begonnen hatte, hatte ich mich noch bemüht, ihm nach dem Munde zu reden, das schien mir geboten – so schnell, wie er aufbrausen konnte. Nun hatte ich alle meine Lügen endgültig verbraucht. Zunehmend lustloser hörte ich ihm zu, wie er mit gespielter Wahrhaftigkeit erzählte und Antworten gab, die er vielleicht sogar selber für glaubhaft hielt.

Ständig schwankte er zwischen all diesen Rollen, von denen er die eine Figur zu seinem Favoriten erklärte und sie gleich darauf wieder vom Thron stieß, weil ihm eine andere noch bedeutender schien. Auffällig war, dass er nur von den Filmrollen sprach. Die Theateraufgaben schien er völlig vergessen zu wollen. Kein Karlos oder Becket, kein Homburg, Prinz Heinz oder Heinrich der Fünfte. Gab es einen tieferen Grund für diese Ausklammerung? Als ich ihn fragte, welche Bühnenfigur denn seine liebste sei, wischte er die Frage mit einer lässigen Handbewegung weg, mit den Worten: «All das ist doch ferne Vergangenheit, nicht wert, darüber zu reden.»

«Nun gut, aber wenn wir schon ehrlich miteinander sein wollen – Sie nannten es ja gerade selbst eine Entblätterung –, dann möchte ich doch wissen: Weshalb gaben Sie Ihr festes Engagement am Burgtheater auf, um wegen eines Filmangebots aus England sang- und klanglos zu verschwinden? Es war ja ein handfester Skandal. Für einen Film, den Sie ja schon in Österreich in deutscher Fassung gedreht hatten. ‹Der Engel mit der Posaune› hieß er, wenn ich mich recht erinnere. Waren denn all Ihre Liebeserklärungen an das Theater, speziell an das Burgtheater, nur Vorspiegelungen? Oder sahen Sie das Theater mehr oder weniger als Steigbügel für die große, die internationale Karriere, die Ihnen als wahres Ziel vorschwebte?»

«So kann nur einer daherschwätzen, dem diese Karriere nicht vergönnt war», erwiderte Oskar mit leiser, lächelnder Verachtung. «Wahrscheinlich versuchen Sie jetzt, mein Verhalten als unmoralisch anzuprangern, um sich damit schönzureden, dass Ihnen eine derartige Laufbahn bisher nicht gelungen ist. Oder hätten Sie den Mut aufgebracht, eine sichere Theaterexistenz für die vage Chance einer weltweiten Filmkarriere aufzugeben? Vorausgesetzt natürlich, Sie hätten ein solches Angebot überhaupt bekommen.»

«Wie kommen Sie zu einer solch unverschämten Frage?», erwiderte ich erbost.

«Nach Ihren Erfahrungen am Theater, mit so prominenten Filmregisseuren wie Ingmar Bergman zum Beispiel, hätte es doch eigentlich schon längst auch zu einer Zusammenarbeit auf Kinoebene kommen müssen, finden Sie nicht?»

Seine bisher schon bissige Ironie nahm jetzt höhnische Töne an. Ich ließ mich nicht darauf ein.

«Das mag mehrere Gründe haben», sagte ich ruhig. «Sicher gab es da Sprachbarrieren. Mein Englisch ist immer noch ziemlich armselig, und Schwedisch ist mir völlig unbekannt. Als Bergman während der Proben einmal sehr zufrieden mit dem Ergebnis war, schlug er vor, mich nach Schweden mitzunehmen. Er bereite dort bald einen neuen Film vor. Ich wandte ein, dass ich kein einziges schwedisches Wort sprechen könne, worauf er sagte, das könne man mit einem guten Coach schnell lernen. Dann überlegte er einen Moment und forderte mich auf: ‹Sag mal *Smörgåsbord*.›

Ich sagte brav so etwas wie ‹Smögosbrot›. Er sah mich eine Weile an, dann meinte er: ‹Weißt du, was? Du bleibst doch besser in Deutschland.›»

«Das kann aber nicht nur am *Smörgåsbord* gelegen haben», rief Oskar und griff lachend zu seinem Weinglas. Seine Launenwechsel waren inzwischen so abrupt, dass jedes Aprilwetter dagegen beständig und berechenbar erschien.

«Mag sein. Jetzt will ich jedenfalls wissen, weshalb Sie ein Angebot, von dem Sie nicht wussten, ob es Ihnen jemals Erfolg bringen würde, für ein glanzvolles Engagement am Burgtheater fahren ließen.»

«Das habe ich nicht getan», widersprach er. «Ich bat lediglich um einen Urlaub. Erst als der abgelehnt wurde, entschloss ich mich zum Vertragsbruch.»

«Sie wurden fristlos entlassen, hinausgeworfen. Und sind nach Ihrer Rückkehr nach Wien längere Zeit nur an kleineren Theatern aufgetreten.»

«Nach dem Intendantenwechsel an der Burg kam sofort ein Angebot. Als man den neuen Intendanten fragte, weshalb er das denn täte, ich sei doch nun einmal vertragsbrüchig geworden, und die Wiener würden sich noch immer darüber aufregen, antwortete er: ‹Wenn ich ihn brauche, schneide ich mir einen Schauspieler zur Not auch vom Galgen ab.›»

Er nahm sein Glas, stieß es leise an das meine und trank es in einem Zuge leer.

«Dann ist es also zu einer Aussöhnung gekommen? Aber irgendwann haben Sie dann doch abermals das Handtuch geworfen, weil man Ihnen gewisse Rollen vorenthielt, oder?»

«Nicht gewisse, sondern eine», sagte er, «und das hatte gute Gründe. Sie sind wirklich ausnehmend gut über mich informiert.»

«Ihre vielen Interviews haben dazu beigetragen. Und die Gespräche über Ihre bevorstehenden Unternehmungen haben ja ganze Artikelserien in den Feuilletons ausgelöst. Ihre Idee einer Neuinszenierung des ‹Prinzen von Homburg›, überhaupt die Gründung Ihrer eigenen Festspiele in der Wachau, die Sie jährlich wiederholen wollen – ‹Torquato Tasso› soll dort ja ebenfalls auf dem Programm stehen –, ist von den Kritikern rauf und runter diskutiert worden. Und zwar sehr kritisch. Auch ich kann mir, ehrlich gesagt, nicht vorstellen, dass Ihnen die Inszenierung und die Darstellung beider Titelrollen zugleich gelingen können.

Wir haben das Thema vorhin schon gestreift, doch da habe ich mich noch nicht getraut, so direkt zu sein. Ihr Wein lockert mir aber die Zunge, drum frage ich jetzt preußisch unverblümt: Haben Sie sich denn bei Ihrer

Planung nie Gedanken über Ihr Alter gemacht? Die Darstellung zweier Jünglinge …»

Oskar sprang hoch, als hätte ihn etwas gestochen.

«Was erlauben Sie sich?», schrie er. «Was erlauben Sie sich? Wo steht, dass man jung sein muss, um einen Homburg oder Hamlet oder Tasso darzustellen?»

Aus dem Hamlet-Text kann man das herauslesen, dachte ich, und beim Homburg ist es auf jeden Fall auch die Jugend, die den Prinzen so wagemutige und riskante Entscheidungen treffen lässt. Aber davon hatte er früher am Abend schon nichts wissen wollen, also schwieg ich, während Oskar weitertobte. Immerhin, in seiner Waghalsigkeit, diese Festspiele zu gründen, steckte tatsächlich noch etwas jugendliche Tollkühnheit.

«Ich brauche keine Jugend, um den Homburg zu interpretieren. Der Dichter Kleist …»

«War auch jung, als er das Stück schrieb», wagte ich, ihn vorsichtig zu unterbrechen.

Oskar stockte und sah mich zornig an. Dann vollendete er in einem eisig sachlichen Ton seinen Satz: «Der Dichter Kleist braucht das Alter und die Erfahrung des Darstellers, damit seine Figuren auf der Bühne lebendig werden. Wie alle großen Dramatiker. Sie ziehen sich hinter ihre Figuren zurück, erst das macht ja ihre Größe aus. Auch, dass man diese Dichter erst in einem gewissen Alter begreifen kann. Egal, ob der Poet sein Werke schon in der Jugend verfasst hat oder später. Aber lassen wir es hiermit genug sein. Es wird wohl wirklich Zeit, dass ich Ihnen jetzt ein Taxi bestelle.»

Ich stand sofort auf und verbeugte mich kurz und ein bisschen schwankend. «Sehr liebenswürdig. Wenn ich noch meinen Mantel finden könnte, wo habe ich ihn denn vorhin gelassen?», fragte ich knapp, um die Peinlichkeit zu überwinden.

«Draußen an der Garderobe. Sie werden sie nicht verfehlen, wenn Sie das Haus verlassen.»

Er griff nach dem Telefon, wählte und bestellte einen Wagen. Ich ging zur Garderobe, nahm meinen Mantel vom Haken, kehrte dann zurück ins Wohnzimmer, verbeugte mich noch einmal vor ihm und murmelte «Adieu». Ich warf mir den Mantel über und machte, dass ich aus dem Haus kam.

Draußen vor dem Tor vergingen an die zwanzig Minuten. Es dauerte offensichtlich ein bisschen, bis das Taxi hier heraufkam. Die klare, kalte Luft brachte mich ein wenig zur Besinnung, meine Wut verflog, und allmählich fing ich an zu frösteln. Immer noch war kein Taxi zu sehen.

Ich ging ein paar Meter, drehte mich dabei auch zum Haus um – und sah Oskar am Türpfosten lehnen. Er schien mich schon eine Weile zu beobachten. Er sah unsagbar müde aus, und ich konnte nicht umhin, einige Schritte auf ihn zuzugehen.

«Ich habe kein Taxi gerufen», sagte er, und ein Grienen überzog sein Gesicht. «So sollte man sich doch nicht trennen. In unserem Alter. Oder sind Sie so viel jünger als ich?»

Sein müder Charme war entwaffnend, aber ich wagte mich keinen weiteren Schritt auf ihn zu.

«Muss ich Sie erst auf den Knien bitten», rief er über seine Schulter hinweg, während er zurück ins Haus trat. «Und schließen Sie doch bitte das Tor wieder.»

Zögernd folgte ich ihm, was sollte ich hier draußen auch, wenn er keinen Wagen bestellt hatte? Als ich im Flur stand, hörte ich aus dem großen Salon seine Schritte sowie leises Gläserklirren. Hatte er schon wieder eine Flasche geöffnet? Ich schloss die Tür, hängte meinen Mantel an den Garderobenhaken und ging zurück in den Salon. Ich hätte diesen Besuch jetzt wirklich gern beendet. Der Augenblick des Hinauswurfs war so günstig gewesen, aber ich hatte nicht mehr den Mut, auf den Abschied zu bestehen. Die Kläglichkeit seiner ganzen Erscheinung, die mir immer mehr ins Auge fiel, machte mir sehr zu schaffen.

«Ich glaube, ich kann Ihnen verraten, weshalb ich mir immer wieder solche Eskapaden wie die aus dem Burgtheater erlaubte», eröffnete er mir, nachdem wir uns gesetzt hatten und verlegen an unseren Gläsern nippten.

«Ein Grund mag der gewesen sein, dass ich einmal, während des Krieges, dem Tod sehr nahe war. Sie erinnern sich sicher an meine Flucht, an den Bombenangriff auf das Wiener Arsenal, den ich vorhin bereits kurz erwähnt habe. Es war ein entsetzliches Erlebnis: Wir waren schon längere Zeit verschüttet, und es bestand, so schien es uns, keine Hoffnung auf Befreiung von außen. Meine Frau mit der noch winzigen Tochter hatte beinahe schon aufgegeben. Um uns herum saßen Leute, die ebenfalls in diesen Luftschutzkeller geflüchtet waren, sie dösten völlig apathisch vor sich hin, während ich unruhig war, die Wände abklopfte und um Hilfe schrie. Doch niemand hörte mich.

Da fing unversehens meine Tochter zu brüllen an. Sehr ausdauernd. Ich hatte mich inzwischen müde geschrien und setzte mich neben meine erschöpfte Frau, die jetzt auch noch unser brüllendes Kind im Tragekorb schaukeln musste. Als die Noni aber kurz Luft holte, um Kraft für ihre nächsten Protestschreie zu sammeln, hörte ich auf einmal Klopfzeichen. Sie kamen von irgendwo, aus großer Entfernung, und niemand anderer hatte sie wahrgenommen.

Ich wollte nicht an Einbildung glauben, sprang auf, schlug wie ein Verrückter gegen die Wände und forderte die anderen Leute auf, auch zu schlagen. Die Noni war von der plötzlichen Betriebsamkeit so perplex, dass sie nur noch leise wimmerte. Wenn wir hier lebend herauskommen, versprach ich mir, werde ich keinen Moment meines Lebens mehr vergeuden, keinen einzigen. Ich werde jeder Gelegenheit nachlaufen, die sich bietet, die mir etwas Besseres, einen noch größeren, bedeutenderen Lebensinhalt verspricht.

Als die Klopfzeichen deutlicher wurden und auch die anderen Verschütteten sie hören konnten, schrien wir alle um Hilfe. Nach kurzer Zeit vernahmen wir die dumpfen Axtschläge der Retter, die sich endlich bis zur richtigen Stelle durchgekämpft hatten.

Aus einer Mauer brachen Ziegelsteine, ein Loch entstand und war schnell so groß, dass wir alle nacheinander hindurchschlüpfen konnten. Gut zwei Tage und Nächte hatten wir in diesem Keller zugebracht. Das Kind reichten wir im Korb hinaus. Und als wir draußen im Staub standen und ins grelle Tageslicht blinzelten, sagte einer unserer Befreier, der die Axt geführt hatte: ‹Da haben wir ihn ja. Ohne den Schreihals hätten wir euch wohl nicht so rasch gefunden.›

Da ist noch etwas anderes, das wohl mehr oder weniger eine Folge der Verschüttung war: Ich empfand danach immer stärker eine nervöse Unruhe und versuchte, mich durch meine tragische Anhänglichkeit an Werner Krauß selbst zu besänftigen. Auch das ließ mich zum Säufer werden.

Wir haben zeitweise zusammen derart gesoffen, dass ich anschließend mein Zuhause nicht mehr fand. Ich versäumte Proben am nächsten Tag und sagte mir schon damals, dass ich am Theater solche Eskapaden nicht mehr lange würde durchhalten können. Deshalb schien es mir deutlich ungefährlicher und zudem lukrativer, mich beizeiten in der lässigeren Filmsparte umzutun, wo es keine Alltagroutine wie an der Bühne gibt – wie ich damals dachte.

Das war ein schwerwiegender Irrtum, wie ich bald herausfinden sollte. Doch der direkte Kontakt mit dem Zuseher im Theater, die langen Textpassagen, vor allem in den klassischen Rollen, die Anwesenheitspflicht, all dies würde es mir eines Tages schwer machen. Solche Gefahren sah ich beim Film nicht. Oder jedenfalls nur selten.

‹Der Engel mit der Posaune› war mein erster ernstzunehmender Versuch in dieser Richtung. Aber ich habe bald auch die Nachteile dieses Metiers erkannt. Die ständige Überwachung, vor allem bei den amerikanischen Filmleuten, war unfassbar. Nach meinem dortigen Debüt, ‹Entscheidung vor Morgengrauen›, bekam ich in Hollywood eine Serie von Angeboten – als hätte man mich im Drugstore entdeckt. Aber es war nichts dabei, was mich überzeugte. Schauen Sie, sagte ich zu einem Produzenten, mit Mickey Mouse und Rin Tin Tin kann man natürlich Filme machen, sehr erfolgreiche sogar, aber Shakespeare können Sie mit ihnen nicht spielen.»

Damit verabschiedete ich mich aus der Traumfabrik und nahm das erste Schiff heim nach Europa. Ich flüchtete regelrecht zurück in die Arme des Theaters. Mit dem Theater bin ich verheiratet, sage ich noch heute. Der Film war meine Geliebte. Mein Leben lang. Bisher jedenfalls.

Meine Mutter, die sich überall als Frau Werner ausgab, schimpfte maßlos, wenn ich wieder mal einen Film abgesagt hatte. Sie wohnte oft monatelang hier bei mir in der Teixlburg, bis ich es nicht mehr aushielt und in heller Verzweiflung nach Wien floh. Hin und wieder las sie neu angekommene, dümmliche Drehbücher und versuchte, sie mir schmackhaft zu machen. Sie ist die einzige Person, gegen die ich mich noch heute nur indirekt wehren kann. Meistens mit einer Flucht.»

«Geflüchtet sind Sie aber doch schon immer», warf ich ein.

«Wie kommen Sie darauf?», fragte er.

«Das haben Sie doch gerade eben erzählt. Hat es damals nicht sogar erhebliche juristische Probleme gegeben, bis man sich auf eine Auflösung Ihres Vertrages hat einigen können?»

«Das war doch mehr oder weniger normal in solchen Situationen», gab er lässig zurück, «für mich jedenfalls hatte es keinerlei negative Folgen. Es zog mich erst einmal hierhin zurück, und ich kam allmählich zu dem Entschluss, den Beruf des Komödianten an den Nagel zu hängen. Doch dann kam das Angebot der Frankfurter Bühne, dort den Hamlet zu spielen.

Damals war ich einunddreißig Jahre alt, also genau in dem Alter, das Shakespeare sich für den Hamlet vorgestellt hatte, und beschloss, dies sei ein klarer Wink des Schicksals, zum Theater zurückzukehren. Noch dazu mit einem Regisseur wie dem Müthel, der mir ja gewissermaßen den Weg auf die Bühne geebnet hat und dem es fast auch gelungen wäre, mich vor dem Militär zu retten.»

«Diese Vorstellung habe ich mir angeschaut. Ich war zu der Zeit in Köln engagiert, litt unsäglich an der dortigen Produktion des ‹Hamlet›, in der ich den Rosenkranz spielte. Der Darsteller des Prinzen war übrigens ein Landsmann von Ihnen.»

«Wie hieß er?»

«Pekny, Romuald Pekny. Ein seltsamer Mann. Schon sein gestisches Verhalten war merkwürdig. Er ließ gern die Hände auf Höhe der Brust baumeln und hatte dabei Ähnlichkeit mit einem Hund, der sich auf den Hinterhänden aufrichtet und die Vorderpfoten hängen lässt.

Dadurch hatte sein Hamlet immer eine gewisse Unentschlossenheit, die wohl als charakterliches Merkmal gedeutet werden sollte. Außerdem hatte er sich einen Bauch angefressen, um dem Ausspruch seiner Mutter gerecht zu werden: ‹Er ist fett und kurz von Atem.›

An einem meiner wenigen freien Abende fuhr ich nach Frankfurt, um Ihre Vorstellung zu sehen. Ich kam voll auf meine Kosten.»

«Ach, hören Sie auf. Ich will von Ihnen weder Lob noch Tadel hören. Ich kenne Ihre Deutung der Figur jetzt zur Genüge und würde weder das eine noch das andere für glaubwürdig halten», protestierte Oskar souverän. «Jedenfalls kann ich Ihnen versichern, dass Müthel als Regisseur ein echter Glücksfall für mich war. Es hat nicht viele gegeben, denen ich das nachsagen könnte. Vielleicht nur mehr noch dem Herbert Waniek, den ich ja schon ganz zu Anfang meiner Karriere in der Burg kennengelernt hatte.»

«Was war denn so besonders an den beiden?»

«Sie konnten zuhören und im richtigen Augenblick eingreifen. Schauen Sie, woher kommen denn die meisten dieser Spielleiter? Zum Großteil haben sie sich selbst jahrelang erfolglos als Komödianten geschunden, bis sie endlich begriffen, dass ihnen zu einem ordentlichen Schauspieler schlicht das Talent fehlt.

Aber wenn sie das endlich einsehen, wollen sie sich natürlich nicht von diesem Milieu verabschieden, und so ergreifen sie eben den Beruf des Regisseurs, des Spielleiters. Manchmal, obwohl sehr selten, sogar mit Erfolg.

Aber die große Zahl derer, die heute diese Profession

ausüben, sind doch ehemalige Kleindarsteller, die sich an den ihrer Obhut anvertrauten Schauspielern rächen wollen. Für die eigene Erfolglosigkeit.»

Minutenlang zog Oskar Josef Bschließmayer alias Oskar Werner genüsslich über Spielleiter, Kritiker und Konsorten her. Kritiken, so behauptete er, lese er grundsätzlich nicht.

«Wie soll man einem Eunuchen zuhören, wenn er über die Liebe redet?», pflegte er zu sagen. Ein Bonmot, von dem ich früher schon gehört hatte. Aber über seine Rezensionen schien er dennoch genauestens unterrichtet. Die Kritiker wie das Gros der Regisseure hätten im Grunde keine Ahnung von dem, was sie taten, und benähmen sich so unverfroren, dass es ihresgleichen suche. Die täten alle, als wisse nur Gottvater persönlich mehr über das Theater als sie selbst.

Oft hätten er und seine Kollegen in ihrer Anfängerzeit am Burgtheater den Kritikern aufgelauert und sie sanft, aber ausgiebig verprügelt, erzählte er: «Wortlos, stumm. Es gab nur tonlosen Protest und die vergeblichen Versuche der Herren, sich zur Wehr zu setzen. Bis auf die Schlaggeräusche hörte man keinen Laut. Sie kamen einem vor, als hätten sie das schon längst einmal erwartet.

Wir hatten bei diesen Überfällen löchrige Damenstrümpfe über die Köpfe gezogen, und uns ging schnell der Atem aus, dann flüchteten wir. Einmal sah ich mich im Davonlaufen nach unserem Opfer um. Er stand wie festgenagelt, unbeweglich am gleichen Platz, blickte uns nach und wischte sich nicht einmal das Blut ab, das ihm aus der Nase lief. Er konnte uns zwar unmöglich erkannt haben, aber als sich unsere Blicke begegneten, hob er drohend die Faust und schüttelte sie. Kläglich. Irgendwann wird sich das einmal rächen, sagte ich mir. Bis ins hohe Alter hinein wird mich verfolgen, was ich gerade getan habe.»

Er stockte, rieb sich über die inzwischen dick angeschwollenen Augenlider und fuhr nach einer Weile fort: «Das war selbstverständlich übertrieben, so tragisch nahm ich es dann doch nicht. Und überhaupt, was ist das hohe Alter? Für jeden gibt es doch ein anderes hohes Alter. Niemand kann wissen, wie hoch sein hohes Alter sein wird. Soll man davor auch noch Angst haben? Angst vor dem Nichts? O ja, die Angst treibt oft die verrücktesten Blüten. Man schaue sich nur die Religionen an.

Aber wenn man sein persönliches hohes Alter nicht erreichen kann, sollte man aus der Lebenslänge keinen Wettkampf machen. Sieger ist, wer am längsten durchhält? Nein, auf den Inhalt sollte man achten.»

Ich hörte dem nun immer unzusammenhängenderen Wortschwall zu, seinem fiebrigen Redezwang, dem inzwischen sprunghaften Themen- und Zeitenwechsel.

Jetzt gerade kam er wieder einmal auf seine Jugend und seine ersten Schritte am Theater zu sprechen.

Dabei nahm er einen großen Schluck vom Wein, um seiner glühenden Kehle Kühlung zu gönnen, fuhr dann aber mit der gleichen Erregung fort: Im Grunde wusste er schon bei seinen Anfängen am Theater, dass er nur dann der Erfüllung nahekäme, wenn er sein Selbst vollkommen einbrächte. In jeder noch so kleinen Aufgabe suchte er, ihm Eignes und Verwandtes zu finden. Keine Masken, keine Verstellungskünste, kein Imponiergehabe, das den Zuschauer mit gespielter Wandlungsfähigkeit überwältigen will. Dergleichen sollte, wenn überhaupt, der Rolle vorbehalten bleiben. Nur sie allein sollte darüber bestimmen, wie man auftrat, aussah, sich bewegte. Immer vorausgesetzt, man fand in der Figur etwas, das in einem selbst schon vorhanden war. Wenn das nicht gelang, hatte man die Rolle abzulehnen. Gleichgültig, ob man sich das finanziell leisten konnte oder nicht.

Das garnierte er mit Anekdoten: Er spielte an einem Schmierentheater in «Hinko, der Freiknecht» von Charlotte Birch-Pfeiffer eine seiner frühen Rollen und gab danach den Moritz Stiefel in Wedekinds «Frühlings Erwachen». Für diese Rolle musste er mit dem eigenen Kopf unterm Arm auf die Bühne treten. Dazu hatte er sich in einen Mantelumhang mit hohem weißen Kragen gehüllt, den er sich selbst angenäht hatte, und trug den Kopf einer alten Schneiderpuppe mit einer blonden Perücke unter dem Arm. Die Schritte seines Auftritts hatte er genau abgezählt, da er unter dem Umhang fast nichts sehen konnte. Trotzdem wäre er beinahe einmal auf dem Schoß einer Dame in der ersten Reihe gelandet, wenn diese nicht rechtzeitig warnend aufgeschrien hätte. Dennoch war ihm diese Aufmachung lieber, als sich, wie es andere taten, bleich geschminkt hinter Grimassen zu verstecken oder mit hohler Stimme die Leute zum Lachen zu bringen und sich selbst darüber zu schämen. Einmal hat er mit seinem Umhang einen Grabstein aus Pappe umgerissen, aber niemand lachte. Das Publikum war in jeder Vorstellung immer wieder aufs Neue angetan von dieser Szene, der Klang seiner Stimme unter dem Umhang hörte sich beeindruckend dumpf und glaubwürdig an. Später, in seinen immer größer werdenden Rollen an der Burg, wurde er strenger mit sich, konnte es aber nicht verhindern, dass ihn unbedarfte Regisseure dabei störten, sich selbst in der Rolle zu suchen.

Er wurde zusehends unglücklicher, sodass er das Filmangebot zu «Der Engel mit der Posaune» als wahre Erlösung betrachtete.

Ein liebenswürdiger Karl Hartl begrüßte ihn zum Vorstellungsgespräch, ließ ihn alle Tests und Probeaufnahmen mit zunehmender Begeisterung bestehen und bot ihm dann einen Vertrag an. Bschließmayer bat jedoch, erst abwarten zu dürfen, bis er am Burgtheater um Urlaub nachgesucht habe. Er bekam ihn auch, unterschrieb, der Film wurde gedreht und lief mit großem Erfolg.

Ein Jahr später kam das zweite Angebot. Die Engländer, denen der Film ebenfalls sehr gefiel, hatten sich zu einer Fassung in ihrer Sprache entschlossen und bestanden darauf, Oskar zu übernehmen. Ihn und die Maria Schell. Einen erneuten Urlaub aber verweigerte ihm das Theater. Er sei dann ja nicht mehr in der Stadt, denn gedreht wurde in England, und so könne Oskar seinen Verpflichtungen nicht mehr nachkommen, geschweige denn, falls es die Umstände einmal erforderten, am Theater einspringen. Als Burgschauspieler habe man in Wien zu sein.

Mit diesem Nein hatte er sich aber nicht abfinden wollen. Also war er einfach so nach London abgereist, was dann der offizielle Grund für die fristlose Entlassung war. Er glaubte aber, dass man ein Exempel statuieren wollte, um ihn zu maßregeln. Denn tatsächlich wäre ihm die englische Produktion in allem entgegengekommen und hätte ihn auch für kurzfristig angesetzte Vorstellungen freigestellt, wenn nur irgend möglich.

Das hatte er der Direktion mitgeteilt – aber schon geahnt, dass sich die Burg nicht darauf einlassen würde. Deshalb ließ er es auf eine Konfrontation ankommen. Er war überzeugt, die Wiener wüssten schon, was sie an ihm hätten. Er behielt recht, denn kurze Zeit später ließ man ihn wieder vom Galgen abschneiden. Er wurde sofort engagiert, als man ihn 1955 brauchte, um das restaurierte Burgtheater, das im Krieg ausgebrannt war, mit ihm zu eröffnen – als Infant in «Don Karlos».

«Nun gut, der Krauß muss wohl auch ein bisserl dran gedreht haben.»

Es hatte sich gelohnt. Gielen, der neue Theaterdirektor, hatte inszeniert und seinen Darstellern großen Freiraum gelassen. Er saß die meiste Zeit im Parkett, sah sich alles an, ohne viel einzugreifen, und sagte in der Pause: «Man kann es sicher anders machen, aber so geht's auch, und wahrscheinlich ist es sogar besser.»

Vor allem Krauß und Werner waren glücklich. Er störte sie nicht. Sie konnten viel ausprobieren und hatten letzten Endes zu einem Zusammenspiel gefunden, das ein unvergesslich großer Theaterabend wurde.

«Haben Sie diesen ‹Don Karlos› gesehen?»

«Ich habe nur die Kritiken gelesen.»

«Die sollen ja jubiliert haben», meinte er bescheiden.

«Jetzt sagen Sie nur noch, dass Sie noch nicht einmal diese Rezensionen gelesen haben.»

Er zuckte zusammen und stellte sein Glas hart auf den Tisch. Dann sah er mich kurz an und stand auf. Es kochte in ihm. Er fing an, auf und ab zu gehen, und ich dachte, wenn er jetzt wieder zu brüllen beginnt, dann verabschiede ich mich endgültig, und wenn ich zu Fuß nach Vaduz zurücklaufen muss.

«Trinken wir noch einen Schluck?» Und ehe ich antworten konnte, war er schon in der Küche.

Als er mit der neuen Flasche wieder bei mir saß, geriet seine Rede zusehends durcheinander. Deshalb ist es wohl am besten, dass ich diesen Teil seiner Erzählung zusammenfasse. Manches deutete er an, bei manchem bin ich nicht mehr sicher, ob er es mir tatsächlich in dieser Nacht so erzählte oder ob ich es erst später durch andere erfahren habe.

Jedenfalls wollte er zunächst auch mehr über mich und meine Bühnenerfahrungen wissen. Sein Interesse war echt, seine Neugierde beinahe physisch spürbar. Erstaunlich, wenn man seinen Alkoholpegel und die sehr späte Stunde bedenkt.

Ich hatte mir kurz zuvor geschworen, keinen Tropfen mehr zu trinken. Erstaunlicherweise rührte auch er sein nun wieder gefülltes Glas nicht an, sondern kam auf meine Stichelei zurück, dass der wahre und einzige Grund für seine Flucht nach London der geheime, aber umso entschlossenere Wunsch gewesen sei, eine Filmkarriere einzuschlagen, dass er das Theater doch im Grunde nur als Sprungbrett benutzt hätte. Ich hatte das mit der Absicht gesagt, ihn zu provozieren, denn ich wollte endlich in mein Hotelzimmer zurück. Und es war mir gelungen.

Er leugnete mit Vehemenz. London sei nur so etwas wie eine Atempause gewesen, getrieben habe ihn die Neugier, dort möglicherweise interessante Menschen und Künstler kennenzulernen, die vielleicht eine andere Sicht auf unsere beruflichen Möglichkeiten hätten, und das habe sich auch genauso ergeben. Ihm habe lediglich das Durchhaltevermögen gefehlt. Und der Schrott an Werbepflichten, drittklassigen Drehbüchern, später vor allem in den Staaten, habe ihn letztendlich verzweifeln lassen und erneut in die Flucht getrieben.

Aber auch dann wieder bewahrheitete sich der Satz, man würde ihn schon vom Galgen schneiden, wenn man ihn brauchte. Noch heute gebe es Versuche in dieser Richtung, doch sie würden weniger, und bald würden sie wohl ganz ausbleiben. Wenn er sich im Spiegel betrachte – und das käme nicht mehr allzu häufig vor –, sei der Schrecken so nachhaltig, dass es Tage dauere, bis sein Mut zurückkehre und er wieder an seine Theaterpläne denken könne.

Er hat sogar versucht, das Saufen zu reduzieren, hielt aber nur wenige Tage durch. Da hatte er lange überlegt, wann er überhaupt damit angefangen hatte. Im Hawelka, nach den Vorstellungen, hatte er oft mit den Kollegen gesessen und bis zum Morgen gebechert. Aber eigentlich musste es schon eher begonnen haben. Kurz nach dem Krieg, als man im Ronacher spielen musste, weil das Burgtheater nicht mehr existierte.

In einigen Restaurants konnte man damals immer noch Alkohol bekommen. Zunächst hatte er nichts von einer Abhängigkeit gespürt. Er trank manchmal, und manchmal trank er nicht. Wenn er nicht trank, fehlte ihm auch nichts.

Er erinnerte sich sogar, als Bub zu Hause vom Wein seiner Mutter gekostet und sich gefragt zu haben, was sie an einem so schlecht schmeckenden Getränk derart animierte. Sie, das hatte er recht früh gemerkt, konnte schon lange nicht mehr ohne das Trinken sein, und es hatte zeitweise erbitterte Auseinandersetzungen mit der Großmutter gegeben, wenn sie eine Flasche leichtfertig auf dem Küchentisch stehen gelassen hatte.

Ihm hatte das Trinken lange gar nichts ausgemacht, in den Zeiten, in denen er noch im Theater in der Vorstadt Stücke wie «Der Beißkorb» spielte. Später jedoch, an der Burg, als die Rollen wichtiger wurden, und noch später, als die wieder aufgebaute Burg mit dem «Don Karlos» eröffnet wurde, begannen die gewaltigen Sauftouren mit Werner Krauß überhandzunehmen. Solange er jung war, hatte er sich immer schnell wieder erholt. Aber sich regelrecht vom Trinken zu befreien, das gelang ihm nicht mehr. Ein großes Glas Wein half ihm bereits bei einer seiner ersten Rollen, die mit einer Probe begann, in der er einer arrivierten Schauspielerin sekundierte. Es war eine kurze Szene: Er hatte mit schmachtendem Ausdruck eine Perle aus ihrer Hand zu nehmen, und dabei spielte er seine aufkeimende Liebe so überzeugend, dass ihm die Rolle sofort übertragen wurde.

Einige Abende spielte er ganz seriös, danach aber begann er, beim Empfang der Perle die Handfläche seiner Partnerin abzuschlecken, sogar zärtlich hineinzubeißen, so überdreht war er: Denn zu Beginn des Auftritts hatte er jedes Mal ein großes Glas Wein getrunken.

Nur in diesem Zustand konnte er seiner Partnerin seine beginnende Verliebtheit erklären – er war nämlich tatsächlich in sie verliebt. Mit der Perle im Mund und einer vor unterdrücktem Lachen hüstelnden Elisabeth Kallina auf der Bühne beendete er seine Auftritte und verschwand stets noch vor Ende der Vorstellung aus dem Theater.

Dem folgte irgendwann eine empörte Auseinandersetzung zwischen den beiden, die dann aber zu Klarheit und Harmonie führte. Zwei Jahre darauf heirateten sie, obwohl der Krieg näher rückte und schließlich auch Wien erreichte. Als die Aufgaben größer wurden, standen sie fast nie mehr zusammen auf der Bühne.

Und später, als sich der Film gemeldet hatte? Nun ja, man konnte nicht Theater spielen oder eine Filmkarriere beginnen und nebenbei auch noch eine Familie gründen wollen. Von der Unmöglichkeit, beides zu vereinen, war er sein ganzes Leben überzeugt gewesen, und erst im Alter hatte sich seine Meinung geändert.

Nur der Hund, der Schani, sei ihm geblieben. Momentan sei er in seinem Haus in der Wachau, wo die Mutter ihn versorge.

In jener Zeit wurde sein Benehmen immer seltsamer, das gab er selbst zu. Man konnte nie wissen, wann er plötzlich auf einen Besuch losging. Auch die bildschöne und engelssanfte Antje Weisgerber, bis zu dessen Tod mit dem großen Horst Caspar verheiratet, mit der Oskar neun Jahre lang zusammengelebt hatte, hatte er attackiert und sogar in die Hand gebissen. Frauen, so kommentierte er lapidar, seien ihm nur selten sympathisch gewesen. Nach dieser seltsamen Bemerkung wurde seine Erzählung wieder klarer.

«Als Bub habe ich die Greta Garbo und später auch die Ingrid Bergman angehimmelt. Dann jedoch, als ich selbst ins Filmgeschäft eingestiegen war, sah das auf einmal ganz anders aus. Gut, ja, die Simone Signoret hat großen Eindruck auf mich gemacht. Jeanne Moreau dagegen war eine arrogante Kuh.

Humphrey Bogart hat einmal gesagt: ‹Mit den Frauen leben ist die Hölle, ohne sie zu leben auch.› Über meine Beziehungen, über mich und die Frauen ist viel geredet worden, ich weiß. Eine Zeitlang hat man mich den Casanova aus Gumpendorf genannt. Es ist schon was dran. Aber das waren doch alles nur flüchtige Liebschaften, Amouren, Pantscherln, wie wir das in Wien nennen. Das macht doch jeder Bursch am Anfang. Die Liebe war so verworren, so unüberschaubar. Ich war auch selbst nie der Verführer, sondern immer der, der sich verführen ließ.»

Das klang zwar unglaubwürdig, aber vielleicht auch nicht ganz falsch, denn die Frauen flogen ihm nur so zu. Viel verführen musste er da wirklich nicht. Von den unzähligen Rosen, die er geschenkt bekam, blieb ihm der Strauß einer englischen Schauspielerin im Gedächtnis – als besonders grauslige Erinnerung. Die Dame überraschte ihn eines Nachts vor seiner Londoner Wohnung. Kurz darauf beging sie Selbstmord. Der Zug zum Selbstmord spielte überhaupt eine große, traurige Rolle, wenn er sich bei seinen Kolleginnen umsah.

Gertrud Kückelmann, die er bei den Dreharbeiten zu «Mozart» kennen- und lieben lernte – in dem Film spielte er den genialen Komponisten und sie dessen Ehefrau Constanze –, stürzte sich 1979 in München aus dem vierten Stockwerk der Anwaltskanzlei ihres Bruders auf die Straße hinunter. Christiane Schröder, Tochter des Kollegen Ernst Schröder und Werners Ophelia in Salzburg, gab ein paar Jahre später ihren Beruf auf und sprang in San Francisco von der Golden Gate Bridge in die Tiefe – und in den sicheren Tod. Er mag nicht direkt schuld gewesen sein. Aber die seelischen Verwüstungen, die er bedenkenlos anrichtete und mit denen er die Frauen alleine ließ, die sah er wohl nicht.

«Mit sechzehn Jahren habe ich so extrem jung ausgeschaut», erzählte er. «Das war arg. Meine Mitschüler hatten fast alle ein Maderl, nur ich nicht. Auch später, als ich schon Soldat war, hat mich der Billetteur nicht ins Kino lassen wollen. Ich habe mir überhaupt nicht vorstellen können, dass eine junge Frau auf mich fliegen könnte.»

Sogar bei einem Meidlinger Schmierentheater ist er bald hinausgeflogen, weil er als Liebhaber so lächerlich aussah. Man hatte ihm einen schwarzen Schnurrbart aufgeklebt, der half aber auch nichts. Seltsam, dass ausgerechnet er, der von lauter Frauen großgezogen worden war, die ihn innig liebten – seiner Mutter, der Großi, seiner geliebten Tante, die viel zu früh gestorben war, und der zweiten Frau seines Vaters, der herzensguten Anni –, mit dem weiblichen Geschlecht solche Probleme hatte, dass er den Suff brauchte, um sich ihnen zu nähern, mit ihnen zusammen zu sein.

Es war aber wohl Werner Krauß, durch den seine wirkliche Alkoholabhängigkeit begann, aus der er nicht mehr herauskam. Seine Verehrung für ihn hatte sich ins Maßlose gesteigert, und mit ihr die Maßlosigkeit seines Alkoholkonsums. Das ging manchmal so weit, dass er nicht mehr wusste, wo er zu Hause war. Äußerlich jedoch merkte man Oskar nichts an. Seine Rede wurde sogar präziser, und seine gute Laune begeisterte alle, die mit ihm am Tisch saßen. Trotzdem konnte er in früheren Phasen immer wieder scheinbar mühelos mit dem Trinken aufhören, wenn er es für notwendig hielt. Dass er dann ebenso regelmäßig wieder mit dem Alkohol anfing, musste wohl mit seiner tief in ihm sitzenden Zerstörungswut zu tun gehabt haben. Ein Zerstörungswille, der gegen sich selbst, aber auch nach außen gerichtet war, der ihn mit dem Älterwerden immer öfter in jähen Ausbrüchen heimsuchte.

In den Anfängerjahren, bei seinen ersten Auftritten an einer Vorstadtbühne im zehnten Bezirk, in der Wielandgasse, noch während der Schulzeit, war er freilich noch ein braver Bub gewesen, abstinenter als die meisten in seinem Alter. Und später, Anfang der vierziger Jahre, bei seinen ersten Auftritten am Burgtheater – er wusste noch jede Rolle: als Giuliano Mocenigo in «Heroische Leidenschaften» oder als Peter Irle in «Das Prinzip» von Hermann Bahr –, da war auch alles noch gut, da hatte ihn ja schon Elisabeth Kallina unter ihre Obhut genommen. Die zwölf Jahre ältere Kallina bewahrte ihn lange Zeit vor allen Exzessen. Doch spätestens nach der «Don Karlos»-Premiere ergriffen ihn seine Lüste und Süchte, denen er sich mit all seiner kindlichen Sorglosigkeit hingab. Wenn auch zunächst noch mit längeren Pausen.

«Ich glaube heute manchmal», sagte er plötzlich unvermittelt, «dass ich den falschen Beruf ergriffen habe. Ich hätte nichts Künstlerisches machen dürfen.»

Auf meinen Einwand, er habe aber früher am Abend ganz anderes geredet, und meine Frage, welchen bürgerlichen Beruf er denn als passender für ihn, als befriedigender angesehen hätte, erwiderte er, er wäre am liebsten Arzt geworden, hätte er nur das Geld gehabt, um studieren zu dürfen.

«Befriedigender?»

Er warf mir einen durchdringenden Blick zu und zuckte mit den Schultern. So ganz sicher war er sich natürlich nicht. Das Bild, das er heute von seinem Leben hatte, hatte schon vieles an Sehnsüchten ausgelöscht, schon einiges an ehemaligen Hoffnungen und Träumen vernichtet. Spätestens nach seiner ersten Flucht hätte er es begreifen, die Schauspielerei abbrechen und das Studium beginnen müssen.

«Meinen Sie Ihre Flucht nach London?», fragte ich.

«Nein, nach meiner Desertion aus der Armee. Der Krieg war ja bald zu Ende, und man konnte beruhigt nach Hause zurückkehren, sofern man noch eines hatte. In meinem Alter, ich war noch keine fünfundzwanzig Jahre alt, mein verdackeltes Abitur nachzuholen, neu zu beginnen, das wäre nicht so schwer gewesen. Und meiner Frau hätte ich an freien Abenden beim Theaterspielen zugesehen. Ja, das hätte mich durchaus befriedigen können.»

«Niemals», unterbrach ich ihn lachend.

«Aber ja, ich war damals fasziniert von der Medizin, und nach dem Krieg gab es doch einen großen Mangel an Ärzten. Aber ich ließ mich vom Theaterspiel überwältigen. Mein Hunger nach immer größeren Rollen war enorm. Zugegeben, ich war talentiert, weit über dem Durchschnitt talentiert. Doch was bedeutet das schon, wenn man zurückblickt?»

Und dann war da ja noch seine Begeisterung für die Musik. Immer wenn er mit dem Theater pausiert hatte, befasste er sich mit musikalischen Dingen. Er sammelte Aufnahmen berühmter Dirigenten, hörte sie in seinem Triesener Haus auf dem Plattenspieler an, und er begann, in seinem Salon zu dirigieren. Er setzte sogar durch, in einem seiner englischen Filme die Rolle eines Stardirigenten zu übernehmen und sich entsprechend vorzubereiten. Damit wurde ein Kindheitstraum wahr.

Er verstand nicht viel vom Dirigieren, fühlte jedoch die Musik bis in die Zehenspitzen, wie er sich ausdrückte. Er bestimmte sogar den Namen des Dirigenten, den er spielte, nannte ihn Zelter, Stefan Zelter. War es ein Zufall, dass sich der Name von dem seiner Mutter nur geringfügig und durch die männliche Form – sie hieß Stefanie Zelta – unterschied?

Er, der keine Noten lesen konnte – Fliegenschiss sagte er dazu –, nahm wie besessen Unterricht im Dirigieren. In vielen Stunden lernte er, wie man Einsätze gibt, den Takt schlägt, Tempo und Lautstärke bestimmt. Er liebte diese Rolle abgöttisch, stolz erzählte er jedem davon. Immerhin arbeitete er mit dem Londoner Symphonieorchester und wollte sich keinen Dilettantismus gestatten. Sein größter Triumph war es, als ihn die Musiker einluden, drei Abonnementkonzerte zu geben. Danach bat er in seiner Begeisterung gleich noch das ganze Orchester auf einen Drink in sein Hotel.

Die Freude an dieser Arbeit währte jedoch nicht lange. Er war von seiner Rolle so geblendet, dass er völlig übersah, wie kitschig der Film war. Als die Kritik ihn vernichtete, dachte er zum Trost oft an seine Weisheit: «Wir können nur die Schatten unserer Träume verwirklichen.»

Aber dieser Film war noch nicht einmal ein Schatten seiner Träume, denn der größte Teil der Dirigierszenen wurde herausgeschnitten. Übrig blieb eine schwülstige Liebesgeschichte, die er überhaupt nicht mochte.

Sex- oder Liebesszenen, die zu deutlich wurden, lehnte er ohnehin ab. «Geschlechtsverkehr auf der Leinwand ist langweilig für den Zuseher. Miniröcke finde ich genauso langweilig und gar nicht sexy. Es ist, als würde man Mädchen in ihrer Unterwäsche spazieren sehen. Da bleibt doch kein Geheimnis mehr. Ich liebe Frauen in langen Kleidern. Ihre nackten Knöchel sind ein wunderbar erotisches Versprechen, und der Wiener Walzer ist der erotischste Tanz der Welt.»

Es gab viele Parallelen zwischen seinen und meinen Anfängerjahren. Auch ich spielte am Anfang in den kleinen Theatern meiner Heimatstadt Berlin, gab auch den Sebastian in «Was ihr wollt» mit blonder Perücke oder den Moritz Stiefel in «Frühlings Erwachen».

Mit der Zeit kamen jedoch die Unterschiede. Während er seine große Filmkarriere startete, in Frankreich, England, den USA, schlug ich mich mit Intendanten in Köln und Mannheim herum. Der in Köln hatte mir große Rollen versprochen. Doch nach dem Ferdinand in «Kabale und Liebe» kam – nichts mehr.

Ich forderte den Direktor zu einer Aussprache auf, er willigte ein, erging sich aber in Ausflüchten. Als er dann auch noch seinen Holzarm auf den Tisch legte, herrschte ich ihn an, die Prothese sofort wieder herunterzunehmen. Einer der Kollegen hatte mir gesteckt, diese mitleidheischende Geste sei in Wahrheit ein sicheres Zeichen dafür, dass er einen betrügen wolle. Natürlich wurde ich fristlos entlassen.

Ein Jahr später, ich hatte mich mit Arbeiten beim Hörfunk über Wasser gehalten, forderte mich der Regisseur Hans Bauer für Strindbergs «Gespenstersonate» wieder an; ich solle doch zurück nach Köln kommen.

Der Intendant gab zähneknirschend nach und reengagierte mich. Nach der Premiere gestand ich ihm, hinter welche Intrige ich inzwischen gekommen war. Die Geschichte mit dem Holzarm, der ein angebliches Anzeichen für seine Unaufrichtigkeit sei – das war die bösartige Erfindung eines Kollegen gewesen, um mich in Misskredit zu bringen. Und der Intendant erzählte mir eines Nachts, nach einer gelungenen Premiere, wie er zu seinem Holzarm gekommen war.

Vor Verdun, in einer der gewaltigsten Materialschlachten des Ersten Weltkriegs, sollte er mit erhobenem linkem Arm das Zeichen zum Angriff seines Zugs geben. Er bekleidete den Rang eines Hauptmanns. Gerade wollte er das Signal geben, da riss ihm ein Schrapnell den Arm ab. Er stand unter Schock, begriff erst gar nicht, schaute konsterniert zu Boden, auf das blutige Stück Fleisch zu seinen Füßen, und entdeckte dann seine Armbanduhr daran. Er hob den Arm vom Boden auf, vergewisserte sich auf der Uhr, dass es an der Zeit war, stemmte die abgerissene Extremität mit dem rechten Arm hoch und riss sie dann wieder herunter. Anschließend fiel er in Ohnmacht. Für diesen Einsatz wurde er noch im Lazarett mit dem höchsten preußischen Orden, dem Pour le

Mérite, ausgezeichnet. Trotzdem hätte man ihn im Jahr 1933 als Generalintendanten beinahe aus einem Fenster im vierten Stockwerk des Mannheimer Nationaltheaters geworfen, und das, obwohl er an diesem Tag den Pour le Mérite sogar um den Hals trug. Er hatte sich nämlich geweigert, die jüdischen Kollegen fristlos zu entlassen.

Nach dieser Unterhaltung habe ich mich sehr bei ihm entschuldigt und wurde zu einem der bevorzugten Schauspieler des Ensembles.

Wie ich denn angesichts solcher und ähnlicher Auseinandersetzungen trotzdem ans Berliner Staatstheater gekommen sei, wollte Oskar wissen. Ich erzählte ihm, dass ich nach einem weiteren Wechsel ans Staatstheater in Wiesbaden nach Frankfurt gegangen sei. Dort spielte ich alle Rollen, die ich mochte oder nicht mochte, unter anderem noch einmal den Hamlet, den ich schon in Wiesbaden gegeben hatte.

Eines Tages erhielt ich einen Brief vom damaligen Intendanten des Berliner Schillertheaters, in dem er schrieb, er lese gerade in den Berliner Tageszeitungen, dass ich im kommenden Jahr seinem Ensemble angehören werde. Er wisse zwar bis jetzt nichts davon, habe jedoch nichts dagegen, wenn es dazu komme. Ich las den Brief mit Staunen, denn ich selbst, und um mich ging es schließlich, hatte keine Ahnung von diesen Neuigkeiten.

Zwei Tage später stand es dann auch in den Frankfurter Blättern, und Harry Buckwitz, der Generalintendant der Städtischen Bühnen, ließ mich zu sich rufen. Der Berliner Intendant war allseits bekannt für solcherlei Tricks.

Man durfte, das war ein ungeschriebenes Gesetz, keine Schauspieler von anderen großen Bühnen abwerben, es sei denn, diese hätten sich freiwillig entschlossen, ihr bisheriges Engagement aufzukündigen.

Buckwitz sah es gelassen und ließ mir die Freiheit, meine bestehende vertragliche Bindung zu lösen. Auch ihm sei bewusst, dass ich nun langsam an eine größere Bühne gehöre. Ich war eigentlich gar nicht seiner Ansicht, denn ich fühlte mich zum ersten Mal wirklich wohl in einem Ensemble, fuhr aber dennoch nach Berlin. Und wurde im folgenden Jahr dort prompt wieder unglücklich.

«Während dieser Zeit hatten Sie schon Ihre ersten internationalen Erfolge gefeiert», sagte ich zu Oskar.

«Waren Sie eigentlich nie neidisch auf Kollegen wie mich, denen der Sprung in den Film, nach Hollywood, gelungen war?», fragte Oskar. Ich hatte den Eindruck, dass er mich dabei sehr aufmerksam beobachtete.

«Hätte ich das sein sollen? Nein, ich war froh, dass sich solche Angebote zerschlugen. Und das taten sie ja meistens. Mein Agent in München, ein gewitzter und äußerst schlagfertiger Berliner, übermittelte mir vor zwei Jahren eine Anfrage. Zu der Zeit, als ich am Bayerischen Staatstheater mit Ingmar Bergman Strindbergs ‹Traumspiel› probte, wir haben schon darüber gesprochen. Ich hätte in Richard Attenboroughs ‹Gandhi› den Architekten und Gandhi-Weggefährten Bernhard Kallenbach spielen sollen, aber ich habe nicht eine Sekunde darüber nachgedacht, dafür die Theaterarbeit aufs Spiel zu setzen.»

Oskar fixierte mich mit blutunterlaufenen Augen, in denen sich das leuchtende Blau seiner jungen Jahre wie eine verwaschene Erinnerung spiegelte. «Glauben Sie, Bergman hätte ebenso gehandelt?»

Darüber hatte ich noch nie nachgedacht. Vielleicht hatte Oskar recht. Bergman hätte möglicherweise nicht eine Sekunde gezögert, um sich *gegen* das Theater und *für* den Film zu entscheiden. Ich aber, sagte ich ihm, würde es heute genau wie damals machen.

Mein Sohn allerdings, der zweieinhalb Jahre nach Oskar Werners Tod geboren wurde, war empört, als ich ihm die Geschichte einmal erzählte. Damals überragte er mich noch nicht um einen ganzen Kopf und sah sehr niedlich aus in seinem vermeintlich gerechten, kindlichen Zorn: «Du hast einen Hollywoodfilm abgesagt, um in München Theater zu spielen? Mensch, Papa. Wir könnten heute in Los Angeles wohnen und einen riesigen Pool haben!»

Oskar hätte diese Pointe sicher gefallen. Nun aber setzte er ironisch nach: «Nun, was hätte der große Schwede mit der noch größeren Nazi-Sympathie wohl gemacht?»

«Ganz ehrlich? Keine Ahnung. Aber ihm hat man die Rolle ja auch nicht angeboten, oder?»

«Gut gekontert, junger Kollege», lachte Oskar und zündete sich mit fahrigen Bewegungen eine Zigarette an.

Er inhalierte tief, schwieg, als müsse er sich angestrengt auf die nächste Frage konzentrieren, und sagte schließlich: «Haben Sie gelegentlich mit antisemitischen Anfeindungen zu kämpfen?»

Wie schaffte er es eigentlich, in seinem Zustand noch solche komplexen Themen anzuschneiden? Ich selbst konnte kaum mehr einen klaren Gedanken fassen, riss mich aber zusammen, um nicht wieder eine seiner anstrengenden Stimmungsschwankungen zu provozieren.

«O ja, ich hatte schon einiges hinunterzuschlucken. 1962 probierten wir den ‹Götz von Berlichingen› auf der Freilichtbühne in Jagsthausen. Ich sollte den Franz spielen. Kurz vor Probenbeginn erfuhr ich, dass der Darsteller der Titelfigur ein schlimmer Nazi gewesen war, der in der tausendjährigen Ära eine hohe Stelle bekleidet und mehrfach Kollegen denunziert habe, die sich kritisch zum Krieg oder zum Führer geäußert hatten. Natürlich waren sie dafür eingesperrt worden.

Ich fragte ihn also direkt, ob er ein Mitglied der NSDAP gewesen sei, und er antwortete unverblümt: So sei es gewesen. Ich setzte nach und sagte, ich hätte auch gehört, dass er kritische Kollegen angezeigt habe. Daraufhin wurde er wütend und verbot sich diese Fragerei, das würde ja in ein Verhör auszuarten. Ich ließ den Leiter der Festspiele auf die Bühne bitten und beschied ihm zornig, dass er sich entscheiden müsse, ob er den alten Nazi oder mich hier oben sehen wolle. Es hieß klipp und klar: Er oder ich, er habe die Wahl. Und nun raten Sie mal, wer von uns beiden die Bühne verlassen musste. Natürlich ich.»

Ich musste lachen, und Bschließmayer regte sich furchtbar auf – wie ich denn über einen solchen Vorfall lachen könne? Ich hätte das doch sofort anzeigen müssen. Und den Festspielleiter gleich mit.

Ich erzählte ihm von einem anderen Erlebnis: Ich war inzwischen am Münchner Staatsschauspiel verpflichtet, und eines Tages ließ mich die Chefsekretärin in ihr Büro rufen. Sie fragte vorsichtig, ob ich irgendwelche Feinde hätte, die mir Angst machen wollten. Ich sagte, dass mir nichts dergleichen bewusst sei, und sie bat mich ins Intendantenzimmer.

Dort zeigte mir der damalige Leiter des Theaters, Kurt Meisel, einen Brief, adressiert an die Intendanz, dessen Verfasser mich mit wüsten Beschimpfungen bedachte und aufforderte, unverzüglich aus dem Theater zu verschwinden, sonst würde man mich vergasen wie meine Glaubensgenossen im Dritten Reich. Unterschrieben war das widerwärtige Papier mit «Schwarzer September». Das war eine Terrorgruppe, die sich nach der Zeit der blutigen Vertreibung der Palästinenser aus Jordanien benannt hatte. Es waren dieselben Terroristen, die für das tödliche Attentat auf die israelische Mannschaft bei den Olympischen Spielen 1972 in München verantwortlich waren. Die Sache schien wirklich gefährlich. Ich wurde unter Polizeischutz gestellt und habe die abendlichen Vorstellungen mit einem klammen Gefühl im Magen gespielt. Schließlich hätte man mich vom Zuschauerraum aus bequem ins Visier nehmen können.

Schon nach ein paar Tagen aber hatte man den Absender ausfindig gemacht. Es war kein fanatischer Terrorist, sondern ein böswilliger Kollege. Ein Schauspieler, mit dem zusammen ich nicht lange zuvor in Frankfurt engagiert gewesen war.

Offensichtlich hatte er damals darunter gelitten, dass ich die Rollen spielte, die er gern bekommen hätte. Das Unfassbare für mich an der Sache: In Frankfurt waren wir befreundet gewesen. Er wohnte mit seiner Familie im selben Haus wie wir, ein Stockwerk tiefer, unsere Kinder spielten zusammen. Ich wäre niemals auf die Idee gekommen, dass er, der schon damals als gefragter Synchronsprecher sehr viel Geld neben dem Theater verdiente, eifersüchtig auf mich sein könnte.»

«Wie ist ihm denn die Polizei auf die Schliche gekommen?», wollte Bschließmayer wissen.

«Sie haben seine Handschrift erkannt. Er hatte sich nämlich auch in München beworben. Und war nicht einmal so raffiniert, seine Handschrift zu verstellen.»

«Und was ist mit ihm geschehen?», fragte Bschließmayer, und der Zorn stand schwarz in seinen Augen.

«Er wurde fristlos aus seinem damaligen Engagement in Berlin entlassen und hatte es danach nicht leicht, wieder zurück ins Geschäft zu kommen.»

«Geschieht ihm recht, dem Mistkerl», schimpfte Bschließmayer, «geschieht ihm verdammt recht.»

Dann entspannten sich seine Züge wieder. Er lehnte sich im Sessel zurück und fragte unvermittelt und im Plauderton: «Waren Sie eigentlich jemals einem Ihrer Spielleiter freundschaftlich verbunden?»

Noch so ein anstrengendes Thema. Ich war müde und reichlich enerviert, mein Zustand schwebte irgendwo zwischen überwach und zu Tode erschöpft. Das Adrenalin, das einen Schauspieler noch Stunden nach einer Vorstellung in euphorischer Stimmung hält, war längst abgebaut, und die aufputschende Wirkung des Alkohols wich einer immer drängenderen Müdigkeit. Ausgerechnet jetzt kam er mir mit philosophischen Fragen über Freundschaft daher!

«Nein. Aber es gab drei Regisseure, die ich sehr, sehr liebte.»

«Wer?»

«Jener Hans Bauer, dann Willi Schmidt, den ich nur ‹Meister› nannte, und Rudolf Noelte. Die Arbeit mit den dreien war eine Bereicherung für mein Leben, aber jedem Einzelnen gegenüber hatte ich viel zu viel Respekt, um auch nur daran zu denken, mit ihm befreundet sein zu wollen.»

«Eine gewisse Distanz ist durchaus hilfreich», lächelte Oskar, den Blick aus dem dunklen Panoramafenster ins Nichts schweifen lassend, «damit Sympathie nicht zu schnell ins Gegenteil umschlägt.»

Heute, da ich mich an unsere Begegnung erinnere, wird mir klar, wie recht er mit dieser hingeworfenen Bemerkung hatte. Was mich angeht, passt sie vor allem auf meine Beziehung zu einem besonderen Regisseur – Peter Zadek. Er hat mich oft bis aufs Blut gereizt, und ich ihn auch. Trotzdem, oder gerade deswegen, haben wir immer wieder miteinander gearbeitet. Alle Geschichten, die ich über unsere gemeinsame Arbeit erzählen kann – und das sind viele, und nicht wenige von ihnen sind saukomisch –, beginnen mit: Wir hatten uns eigentlich furchtbar verkracht … Und sie enden immer mit: Und dann haben wir uns wieder furchtbar verkracht. Trotzdem, eines war die Arbeit mit ihm immer: spannend bis zur letzten Sekunde. Denn Zadek stellte bis zum Tag vor der Premiere alles noch einmal in Frage, was man bis dahin entwickelt hatte.

Als wir 1983 an der Berliner Schaubühne «Ghetto» von Joshua Sobol probierten, seine meiner Ansicht nach vielleicht wichtigste Regietat, stellte ich seine Spontaneität allerdings einmal ungewollt auf eine harte Probe. Das hatte er aber selbst provoziert. Bei den ersten Leseproben saßen wir alle nebeneinander. Darauf bestand er. Als wir nach etwa acht Tagen die Lesungen beendet hatten, sah er mich an, und sein Gesicht hatte eine leicht grünliche Färbung angenommen. «Jetzt gibt es kein Zurück mehr», flüsterte er.

Am nächsten Morgen hatte er sich völlig verändert. Ich begrüßte ihn wie jeden Tag mit einem «Guten Morgen, Peter», aber er ignorierte das und lief an mir vorbei, als würde er mich gar nicht kennen. Das ging etwa drei Tage so, dann begrüßte ich ihn auch nicht mehr, drehte mich sogar weg, wenn er an mir vorüberging. Er zuckte zwar nicht direkt zusammen, als mein Morgengruß zum ersten Mal ausblieb, zögerte aber leicht und verlangsamte seinen Schritt. Das entwickelte sich zu einem regelrechten Kampf. Wir verständigten uns nur noch über die Regieassistenten miteinander.

«Sage ihm», sagte er. «Erwidere ihm», sagte ich. Nach einer Woche hatte er genug.

«Du hast dich sehr gut gehalten», begrüßte er mich dann eines Morgens und gestand mir, dass er mich einfach so lange hätte demütigen wollen, bis er herausfand, ob ich mitspielte, ihm also restlos vertraute, und das tat, was er mir sagte.

Er hat mir wohl nie ganz verziehen, dass ich mich diesem Vorhaben erfolgreich widersetzt habe. Ich hätte einfach hinwerfen und gehen können, doch dazu wollten wir es beide nicht kommen lassen.

Ich hasste ihn und war doch gleichzeitig fasziniert von seiner Art, seinen Einfällen. Ein Zustand, der mich auf seltsame Weise beflügelte. Ich spielte den jüdischen Lagerkommandanten und hatte im Stück alle möglichen Aufgaben zu erledigen. Unter anderem auch, Streitereien zwischen Häftlingen zu schlichten. In einer der Szenen musste ich erst auf einem fünf Meter hohen Turm stehen und unmittelbar darauf zu ebener Erde eine gewalttätige Auseinandersetzung beenden.

Zadek schlug mir vor, dabei eine Whiskyflasche in der Hand zu halten und betrunken, aber so schnell wie möglich die steile eiserne Treppe herunterzuwanken und einzugreifen. Aber, fragte ich ihn, wie soll ich denn in betrunkenem Zustand unfallfrei da runterkommen? Das sei mein Problem, antwortete er und wartete.

Ich wurde wütend und dachte: Das kannst du haben. Gleich auf der obersten Stufe stolperte ich und ließ mich fallen. Die ganze Treppe hinunter. Unten blieb ich einen Moment lang liegen, dann kam der Aufschrei. «Schluss, aus, vorbei. Eine Umbesetzung der Rolle kommt nicht in

Frage!», brüllte er schreckerfüllt und stürzte die Stufen zur Bühne hinauf.

Ich hob den Kopf und rief zornig, er solle mich doch meine Szene zu Ende spielen lassen. Er blieb wie erstarrt auf halber Höhe stehen, ich spielte weiter, und er sah mir bis zum Ende zu. Dann fragte er leise, ob das Absicht gewesen sei und ob ich es noch einmal wiederholen könne. Ich stieg die Treppe hoch und stürzte mich noch einmal hinunter. Mit der Dimple-Flasche in der Hand.

Kurz entschlossen nahm er sie mir ab und ging selbst auf die Eisentreppe zu. Ob ich das denn irgendwo gelernt hätte?, fragte er mich im Hinaufsteigen.

«Natürlich», rief ich. «Auf der Schauspielschule.»

Ich beschwor ihn, es nicht selbst zu versuchen. Einerseits wollte ich ihn wirklich davon abhalten, wortreich beschrieb ich ihm, wozu man körperlich in der Lage sein müsse, um sich nicht zu verletzen, nämlich den Leib so rund wie möglich zu machen, Kopf und Beine so anzuziehen, dass man nirgendwo ernstlich anecke. Andererseits sah ich seinem Versuch mit einer gewissen schadenfrohen Neugierde entgegen, ich wollte gerne sehen, in welchem Zustand er wohl unten ankommen würde.

Trotz meiner Warnungen ließ er sich mit vollem Schwung fallen. Mit der Whiskyflasche in der Hand.

Als ich eine halbe Stunde später im Notarztwagen bei ihm saß, blickte er mich mit blutigem Gesicht triumphierend an und gab mir gelassen zu, dass man das Stürzen ja wohl tatsächlich lernen könne. Wenn ich wolle, könne ich den Sturz für die Szene beibehalten.

Ein anderes Mal, viele Jahre später, probten wir «Mondlicht» von Harold Pinter, eine Inszenierung, die wir einige Dutzend Mal im Berliner Ensemble gespielt hatten. Jetzt sollte sie im WDR als Live-Inszenierung gesendet werden, und dazu arbeiteten wir an einigen Szenen noch einmal. Ich stellte einen todkranken Familienvater dar, dessen Angehörige seinen Tod herbeisehnen, er tut ihnen aber nicht den Gefallen zu sterben. Also müssen sie warten. In einer Szene schläft er, seine Frau sitzt neben seinem Bett und strickt.

Zadek hatte den Einfall, die Frau könne sich doch für eine Weile zu ihrem Mann legen, und so könnten beide, wenn er erwacht, den Anfang dieser schönen Szene im Liegen sprechen. Nach ein paar Sätzen sollte Angela Winkler, meine Partnerin, sich dann wieder in ihren Sessel setzen.

Wir machten das. Angela kroch gehorsam unter meine Decke, aber wir spielten nun die ganze Szene nebeneinanderliegend zu Ende. Zadek, der das in aller Ruhe angesehen hatte, fragte Angela dann, weshalb sie nicht auf ihren Sessel zurückgekehrt sei, dies aber in sehr unmutigem und ätzend ironischem Ton. Also griff ich ein und erklärte, dass ich sie unter der Decke festgehalten hätte. «Ein Scherz, nur ein Scherz», grinste ich ihn an.

Darauf polterte er erbost, dann sei er als Regisseur ja wohl überflüssig, und ich könne gern von jetzt an das Inszenieren übernehmen. Er verließ das Studio und ward an diesem Tag nicht mehr gesehen.

Am nächsten Morgen war er wieder da. Dieselbe Szene

stand noch einmal auf dem Probenplan, aber als Angela Winkler nun gehorsam aufstehen und aus dem Bett wollte, hielt er sie zurück. Sie solle liegen bleiben, aber darauf achten, dass ihr Kopf dicht neben dem meinen liege. In der Kameraperspektive mache sich das wahrscheinlich sehr gut.

Am Ende der Probe fragte er mich, ob ich mit ihm zusammen essen gehen wolle, er kenne in der Nähe einen guten Italiener. Ich lehnte ab, sagte knapp, dass ich schon etwas vorhätte, und ließ ihn stehen. Das stimmte, denn jedes Mal, wenn ich in Köln zu tun habe, statte ich der kleinen Antoniterkirche in der Schildergasse einen Besuch ab. Dort, in einer Nische, hängt eine Kopie des Güstrower Engels von Ernst Barlach. In Originalgröße. Man kann ihn bequem mit den Händen erreichen. Als ich an jenem Tag vor dem Engel stand und ihn wie immer fasziniert betrachtete, schob sich langsam ein Arm über meine Schulter zum Gesicht des Engels, und die Hand streichelte kurz seine Wange.

Dann sagte Zadek hinter mir: «Gegen das hier fabrizieren wir doch nur Scheiße.» Anschließend gingen wir zum Italiener.

Als wir «Mondlicht» fürs Fernsehen neu inszenierten, war Oskar Werner schon seit mehr als zwölf Jahren tot, aber auch er hatte höchst wechselhafte Erfahrungen mit diversen egomanischen Regisseuren gemacht. Von einem ganz besonderen Erlebnis erzählte er mir an jenem seltsamen Abend.

«Es ist immer die gleiche Erfahrung mit den Spielleitern. Man arbeitet mit einem, macht gute Erfahrungen, glaubt dann, sich ihm angenähert zu haben, zumindest auf eine gewisse Gleichgesinntheit eingeschworen zu sein. Aber dann, bei der zweiten Inszenierung, erlebt man einen absolut anderen Menschen. Mir erging es so mit François Truffaut. Bei den Dreharbeiten zu ‹Jules und Jim› verstanden wir uns blendend. Er nahm meine Ratschläge an, ich die seinen. Es war eine höchst produktive Zusammenarbeit. Dann jedoch, gerade durch diesen Film, hatte er einen gewissen Bekanntheitsgrad erreicht, und entsprechend wuchs seine Selbstüberschätzung. Bei ‹Fahrenheit 451› wusste er auf einmal ziemlich genau, wie wir Schauspieler jede Zeile zu sprechen hätten, obwohl es vieles gab, das man hätte diskutieren müssen.

Da war beispielsweise die Doppelbesetzung der beiden weiblichen Hauptrollen, Clarisse und Linda, mit einer einzigen Schauspielerin, Julie Christie. Dabei sind das völlig verschiedene Charaktere! Das entsprach weder der Idee noch dem Buch des Autors, doch Truffaut bestand darauf. Aus finanziellen Gründen? Ich weiß es nicht. Er ließ sich jedenfalls nicht davon abbringen und verlangte, dass ich mich in der Rolle des Guy Montag beiden Frauen gegenüber völlig gleich verhalte – dabei war die eine meine Ehefrau, die andere meine Geliebte.

Ich sah das nicht ein und spielte Ehemann und Liebhaber völlig unterschiedlich. Die Unstimmigkeiten zwischen mir und Truffaut nahmen immer mehr zu. Wir grüßten uns fast nicht mehr, verkürzten Mitteilungen auf die notwendigsten Worte, und alle sportlichen Szenen mit mir mussten gedoubelt werden, da ich mir beim Öffnen meiner Wohnwagentür das Knie verletzt hatte. Man hatte mich versehentlich eingesperrt, jedenfalls wurde das behauptet, und ich hatte versucht, die Tür aufzutreten.

Einmal kam ich mit kurz geschorenen Haaren zum Drehort, weil ich versehentlich beim Friseur eingeschlafen war.» Er lächelte listig. «Es durften also keine Nahaufnahmen von mir gefilmt werden.»

«Sie hatten ja sowieso die meiste Zeit einen Helm auf. Oder irre ich mich?»

«Sie irren. Im zweiten Teil war ich fast immer barhäuptig.»

«Und sind Sie denn wirklich beim Friseur eingeschlafen, und der hat dann munter weitergeschnitten?», fragte ich.

«Natürlich nicht», rief er mit boshaftem Lachen. «Es ist mir mit Ihnen, als würde ich private Streitigkeiten aus meinem Eheleben ausplaudern. Das war meine kleine Rache an Truffaut. Er ließ so ganz nebenbei Bücher verbrennen, in Anspielung auf die Bücherverbrennungen bei den Nazis. Ich habe diese Bücher in meiner Kindheit brennen sehen. In jener Nacht, die den reizenden Namen Reichskristallnacht trug. Das nur beiläufig abzuhandeln, wollte ich einfach nicht akzeptieren.»

Und so schieden sie in Unfrieden voneinander. Menschlich hatte Truffaut ihn sehr enttäuscht. Er entpuppte sich als Regisseur, der nichts anderes als seine Ideen verwirklicht sehen wollte, ohne seinen Schauspielern auch nur die geringste Beachtung zu schenken.

«Nouvelle Vague» und das Regietheater – beide sah Oskar als Strömungen an, die gegen die Kunst des Schauspielers arbeiteten. Und er war zu eigenwillig, als dass er sich Anordnungen hätte unterwerfen können, die seinen Darstellungsprinzipien völlig widersprachen.

Aber auch Truffaut ließ in seinem später veröffentlichten Drehtagebuch eine bissige Kritik gegen ihn los. Er vermute, die tatsächliche Ursache seiner Weigerung, den Montag so darzustellen, wie er, Truffaut, ihn gern gesehen hätte, hingen mit Oskar Werners Beschäftigung in Hollywood zusammen. Nach den dortigen Erfolgen wolle er wohl nur noch den Herzensbrecher spielen, im Vordergrund stehen und alle anderen im Hintergrund sehen.

«Er wäre jetzt gar nicht mehr fähig, den Jules so darzustellen wie ehemals», konstatierte Truffaut.

Obwohl Oskar mir davon scheinbar gelassen erzählte, merkte man ihm immer noch an, wie tief ihn diese Polemik getroffen hatte.

Doch so völlig unrecht hatte Truffaut wohl nicht. Werners Tendenz, sich in den Vordergrund zu schieben und die Kollegen wegzudrängen, konnte man auch in den Theaterproduktionen beobachten, vor allem seinen eigenen, denen des von ihm gegründeten «Oskar-Werner-Ensembles», in denen er inszenierte und die Hauptrollen spielte.

Als ich leise einwandte, dass er in diesen Produktionen ja schon im Mittelpunkt stehe, fuhr er mich an: ob ich denn nicht einsehe, dass er sich schon aus rein geschäftlichen Gründen so habe verhalten müssen? Er sei ja schließlich ein Privatunternehmer und müsse darauf achten, dass es in der Kasse stimmte. «Selbstverständlich musste ich bei der Auswahl der Stücke das Sagen haben und bei den Rollen in der vordersten Reihe spielen. Ich war schließlich das Zugpferd der ganzen Unternehmung. Ich hatte ein Tourneetheater gegründet, das im gesamten deutschen Sprachraum herumfahren sollte. Ich wollte die Zuschauer locken, die mich aus meinen Filmen kannten und die neugierig auf mich als Bühnenschauspieler waren.

Außerdem konnte ich mir am Anfang keine teure Werbung leisten. Mein guter Name war die einzige Reklame, und natürlich musste die Truppe meinen Namen haben.»

«Weshalb ist sie dann trotzdem wieder aufgelöst worden?», fragte ich.

Er stand auf und sah mich aus tränenden Augen an. Dann wandte er sich ab. Waren ihm die Tränen vor Wut gekommen, und er wollte sie mir nicht zeigen? Oder war es der Alkohol, der seine Augen so wässrig werden ließ?

Er ging mit kleinen, trippelnden Schritten zum Panoramafenster und sah auf die sich mittlerweile vor dem dunkelblauen Himmel abzeichnende Bergkette, die sich über dem Tal erhob. Die Morgendämmerung hatte begonnen, ich saß immer noch in seinem Haus und wartete nur auf eine Gelegenheit, um mich endlich zu verabschieden.

Er sprach leise, während er ins Halbdunkel stierte: «Ich hatte einfach kein Glück, mit all meinen diversen Eigenproduktionen nicht. Ich hätte viel mehr Geschäftsmann sein müssen, um ein so schwieriges Unternehmen zum Erfolg zu führen. Aber das lag mir nicht. Sie kennen doch sicher den Spruch: Wirf das Geld zum Fenster hinaus, damit es zur Tür wieder hereinkommt. Aber so viel Mut hatte ich nicht. Das war der wahre Grund meines Versagens. Ich hätte, trotz aller künstlerischen Ansprüche, viel kommerzieller denken sollen. Als ich merkte, dass es wirtschaftlich eng wurde, habe ich wieder einmal die Flucht ergriffen. Ich wollte nur noch irgendwo unterkriechen, mich in einem Staatstheater verstecken oder Filme machen.

Als ich mir aber die Angebote ansah, die mich erreichten, konnte mich keines überzeugen. Ich versuchte, hier in diesem Haus zur Ruhe zu kommen. Mit meinem Freund, dem Alkohol, ja. Der tat mir gut, der ließ mich wieder zu mir selbst finden. Ich dachte an die wenigen ernstzunehmenden Filme, in denen ich mitgewirkt hatte, an die großartigen Filmpartnerinnen und -partner, mit denen ich zusammengearbeitet hatte.»

Er wandte sich zu mir um.

«Es waren wunderbare Zeiten, und es hatte immer mit Liebe zu tun. Wissen Sie, einmal war ich mit Simone Signoret auf einer Party. Man hielt mir spöttisch vor, dass ich so ein Frauenschwarm sei, sogar die Schwiegermutter des Hauses habe eine Schwäche für mich. Wie ich mich denn all dieser Versuchungen erwehren würde? Ich fragte daraufhin, was eigentlich so schlimm daran sei, wenn man zwei Frauen zur gleichen Zeit liebe. Es wurde totenstill im Raum, aber Simone rettete die Situation mit Eleganz und Intelligenz: ‹Ich hoffe, es geht auch mit dreien, ich bin nämlich auch verknallt in dich.›

O ja, ich hatte meine große Zeit. In beiden Sparten meines Berufs. Und doch bin ich ein altmodischer Mensch, einer mit einer alten Seele. Und soll ich Ihnen noch etwas gestehen?», fuhr er nun fast flüsternd fort. «Die Wahrheit ist: Ich bin nicht der Künstler geworden, der ich so gern geworden wäre. Obwohl ich mir den Oscar eigentlich verdient habe. Ich denke, sogar für mehrere meiner Filme.»

Er setzte sich wieder, nahm sein halbvolles Glas zur Hand und starrte, plötzlich tief in Gedanken versunken, auf die Tischplatte.

Ich muss gestehen, ich hatte nun wirklich genug von ihm. Was war nur aus dem Menschen geworden, den ich einmal so bewundert hatte? In welchen Stationen seines Lebens war er hängen geblieben, wann war ihm das Talent abhandengekommen, das ihn einst zu so ungewöhnlichen Leistungen befähigt hatte? Jeder Weiterentwicklung innerhalb unseres Metiers verweigerte er sich vehement, er wollte von zeitgenössischen Stücken nichts wissen, klammerte sich verzweifelt an die klassischen Texte und wies auch jede moderne Interpretation derselben brüsk zurück.

Ich betrachtete ihn ungeniert. Seinen unverhältnismäßig großen Kopf mit dem aufgedunsenen Gesicht und den riesigen hellblauen Augen, die einst wie Sterne leuchten konnten und in denen jetzt nur noch ein fahles Glimmen war.

Im Grunde war er noch immer der Despot, zu dem er sich im Laufe der Jahre entwickelt hatte. Er sprach zwar nach wie vor bewundernd von seinen Vorbildern, ohne aber auch nur eines von ihnen kennengelernt zu haben. Reinhardt, Barrault, Jouvet – sie waren unerreichbar, weil sie längst tot waren. Umso leichter konnte er sie anhimmeln und verklären. Sie widersprachen ihm nicht, forderten nichts von ihm.

Wer ihn wirklich begreifen wollte, muss wohl über seine frühe Jugend und seine ersten Schritte am Theater nachdenken. Wahrscheinlich lag in ihnen der Grund für seine Arroganz, seine Egomanie. Es war ihm zu früh zu vieles geschenkt worden – so ein Mensch konnte sich nur überschätzen, wenn er nicht sehr diszipliniert gegen sich selbst war.

Was war von diesem so verschwenderisch begabten, jungen Genie geblieben? Warum weigerte er sich, die glorreiche Vergangenheit ruhen zu lassen, mit seinem Publikum zu altern, seine Würde zu wahren, seine alkoholische Maßlosigkeit zumindest einzuschränken?

Und was, um Himmels willen, hatte ihn gestern bewogen, meine Vorstellung zu besuchen?

War er neugierig auf Bergman gewesen, den er doch, wie er mir unmissverständlich zu verstehen gegeben hatte, gar nicht besonders schätzte? Nicht zuletzt deshalb hatte sich unsere Unterhaltung ja allmählich zu einer aggressiven Auseinandersetzung entwickelt.

Indem ich von eigenen Erlebnissen und Erfahrungen erzählte, konnte ich ihn jedes Mal ablenken, sodass es nicht zum ernsthaften Streit kam. Zeitweise interessierte er sich wohl wirklich für meine «Schmankerln», wie er meine Geschichten im Laufe der Nacht einmal genannt hatte. Aber ich war nun sehr erschöpft.

Da fing er urplötzlich an, Heurigenlieder zu singen.

«Wenn du willst», duzte er mich unvermittelt, «kannst du mitsingen. Aber nur die zweite Stimme, die Oberstimme bleibt bei mir. Das Schwierigere ist schon immer meine Aufgabe gewesen. Mir fällt's ja so leicht.»

Er griff wieder zum Glas.

«Bringen Sie sich nicht um», bettelte ich. «Sie trinken ja unentwegt.»

«Sie haben ja so recht.» Er hatte sich schnell wieder gefangen und ging professionell auf Distanz. «Es ist ewig schade um mich. Weniger saufen, das hat mir schon Simone Signoret geraten, obwohl sie selbst immer kräftig zugelangt hat. Eine fabelhafte, eine große Kollegin. Santé.»

Er hob sein Glas, wie um die Abwesende zu grüßen.

«Eines jedoch müssen Sie wissen, mein lieber Freund und Zwetschgenröster: Sie können mir mit all Ihrer Phantasie nichts vorwerfen, was ich mir nicht schon selbst hunderte Male vorgeworfen habe.»

Er verschwand in die Küche und kam mit einer neuen Flasche zurück. Meine deutlichen Proteste schien er gar nicht zu hören, als er auch mein Glas wieder füllte. Was konnte ich tun? Ich fühlte mich plötzlich stocknüchtern.

Wie konnte ich ihn bloß dazu überreden, mir ein Taxi zu rufen? Wo stand das Telefon, mit dem ich selbst eins hätte ordern können? Ich sah die Bergkette auf der anderen Seite des Rheintals, stand auf und ging ebenfalls zum Panoramafenster hinüber. Es tat gut, mir die Füße zu vertreten.

«Wissen Sie, wann es bei mir angefangen hat, schiefzulaufen?», hörte ich ihn vor sich hinreden. «Seit den Proben zu ‹Becket oder die Ehre Gottes›, als der Regisseur Lindberg zu mir sagte, ‹geben Sie acht, Oskar, der Schweiger spielt Sie vielleicht an die Wand.› Nach der Probe lud ich den Kollegen Schweiger zum Essen zu mir ins Haus, und vier Wochen später lief die Premiere. Es wurde ein Riesenerfolg. Trotz der Einflüsterung Lindbergs. Ich habe sie nie vergessen. Im Film, der später daraus wurde, zeigten die meisten Großaufnahmen mich. Wie hätte ich mich denn sonst verhalten sollen, bei meinen Ansprüchen? Das war ich mir schuldig.

Bei meinen Partnern hatte ich ohnehin den Ruf, der absolut Ungewöhnliche, der außerordentlich Begabte zu sein, und die meisten waren einverstanden mit meiner bevorzugten Behandlung. Drum gab es auch kaum Eifersüchteleien, wenn ich das als selbstverständlich hinnahm.

Nur mit einem wollte ich mich nicht abfinden: mit der ewigen Gängelei durch die Regie, mit ihren höflich bedrohlichen Anweisungen, die man letztendlich zu befolgen hatte. Wenn ich mir gar nicht mehr zu helfen wusste, nun, dann kam ich eben mit zu kurz geschnittenen Haaren an den Drehort, oder ich verbog mir den Fuß, um mich nicht während des Drehens artistisch betätigen zu müssen.

Darüber hinaus beschlich mich immer mehr das Bewusstsein, dass ich niemals erreichen würde, was ich mir am Anfang meiner Karriere so sehr gewünscht hatte. Ich begann zu trinken, um mein am Boden schleifendes Selbstbewusstsein wieder aufzurichten. Ich fing an, alles zu übertreiben, was ich bei nüchternem Verstand viel kühler gesehen und getan hätte.

Und unter uns, lieber Freund, welchen Gefahren sind wir denn schon durch den Alkohol ausgesetzt? Müssen wir deshalb etwa mit einem allzu frühen Tod rechnen? Wo ist denn schon der Unterschied zwischen einem Zweiundachtzigjährigen und einem Zweiundsechzigjährigen? Es gibt ihn nicht. Ab einem gewissen Alter spielt das keine Rolle mehr. Die Kreativität verlässt uns, ob mit oder ohne Alkohol. Danach vegetieren wir nur noch mehr oder weniger vor uns hin und warten auf das Unvermeidliche.

Oft, wenn ich gedanklich so vor mich hin schrumpfe, stelle ich mir das Ende als eine Art Rückkehr vor – in die Kindlichkeit, in das Babyalter, in den Fötus. Und plötzlich höre ich die Geräusche, die wir im Mutterleib vernehmen. Das dauernde Furzen beispielsweise. Schwangere Frauen leiden ja oft an ständigen Blähungen. Dieses

Furzen stelle ich mir dann als ein Signal vor. Ein Signal für den Eintritt ins Nichts, ins absolute Nicht-Dasein.»

Er begann zu lachen, und sein Gelächter steigerte sich zu einem regelrechten Lachkrampf, der ihn schüttelte. Er schaffte es nicht einmal, sein Glas auf den Tisch zu stellen, es wackelte so, dass der Wein ihm zwischen den Fingern herunterfloss, auf den Boden tropfte und eine kleine Lache bildete. Ich wollte helfen und versuchte, ihm das Glas aus der Hand zu nehmen, doch er ließ es nicht zu, klammerte sich an den Stiel und brach ihn ab. Da ließ er auch den Kelch fallen und wurde urplötzlich wieder ernst.

«Das hätten Sie nicht tun sollen», meinte er streng, während er sich die Hände an seiner Hose abwischte und die Scherben achtlos unter den Tisch zu kicken versuchte. Das gelang ihm in seinem Zustand natürlich nicht, und so machte ich mich daran, vorsichtig die größten Splitter aufzusammeln. Während er sich erhob und im Weggehen sagte: «Schade um den Wein. Jetzt muss ich um ein neues Glas in die Küche.»

Er klappte Schranktüren auf und zu, ich hörte Glas klirren, dann war er zurück.

«Wie finden Sie das mit dem Furzgetöse im Mutterleib?», fragte er, eine frische Flasche und ein neues Glas in der Hand. «Also, ich denke da an meine Mutter, die mich ja gar nicht so gern auf die Welt kommen lassen wollte, die aber auch den Mut zur Abtreibung nicht aufbrachte. Später wollte sie dann lieber selbst sterben, was ihr ebenfalls misslang. Wahrscheinlich hat sie ständig an

Blähungen gelitten, während ich in ihrem Bauch auf die Furzsignale lauschte.»

Er begann wieder zu lachen. «Ich sehe sie stets nur als leidende Selbstmörderin vor mir, wie sie mit ihrer Trauermiene durchs Leben geht, und immer ein Grummeln im Bauch. Es gab da für mich immer schon einen Zusammenhang, aber richtig erklären kann ich ihn nicht. Mit ihrem eingefallenen, gelben Gesicht, den tiefliegenden, übergroßen Augen, aus denen die pure Verzweiflung blickte, kam sie mir so fremd vor, als ob wir gar nicht zueinander gehörten.

Wenn es ihr wieder einmal nicht gelungen war, sich das Leben zu nehmen, kam tagelang nur ein heiseres und heulendes Krächzen aus ihrem Mund. Der Geistliche, den die Nachbarn herbeiriefen, hat sie mehr als einmal zurück ins Dasein holen lassen. Er hat dann immer, sobald sie wieder bei Bewusstsein war und die Augen aufschlug, grob auf sie eingeschimpft. Weil sie in seinen Augen so egoistisch war, nur an ihre eigene Seligkeit dachte.

Einmal saß ich daneben, und der Priester zog mich an ihr Bett heran, stellte mich vor sie hin und fragte: Was denn aus mir werden solle, wenn es ihr beim nächsten Mal, Gott behüte, gelänge? Das löste bei ihr wiederum einen lautstarken Furz aus, den der Geistliche nur mit großer Mühe ignorierte, das sah ich ihm an. Mir ist er bis zum heutigen Tag im Ohr. Ich kann nicht vergessen, wie hilflos sie darüber weinte und wie abgrundtief sie sich deswegen schämte.

Heute pflegt sie hier unversehens aufzutauchen und

sich für längere Zeit niederzulassen. Bei ihrer Ankunft sehe ich immer, wie an die Wand geworfen, diese Szene vor mir, und ich muss grinsen, was die Mutter als Wiedersehensfreude deutet und mit einer spröden Umarmung erwidert.

Sie verstehen aber schon: Ich nehme das Lebensende, den Tod, nicht so ganz ernst. Ich gehe eher provozierend mit ihm um.

Auch meine Briefe an die Mutter in der Soldatenzeit sprachen oft von der Unerträglichkeit des Daseins, den Qualen, denen man fortwährend ausgesetzt war, und von Gedanken an Selbstmord. Nur durch intensives Imaginieren meiner schönen Zeit am Theater, die mir ja vielleicht als ganzes Leben bevorstehen würde, konnte ich diesen Gedanken entgegentreten. Und indem ich an meine Mutter dachte. Vielleicht ist mein übersteigerter Alkoholkonsum nur eine andere Art von Todessehnsucht, das könnte doch sein. Bis jetzt allerdings ist er mir ganz gut bekommen, finden Sie nicht?»

Er schwieg einen Augenblick, als erwarte er tatsächlich eine Antwort, und fuhr dann fort: «Mit diesem Stoff im Leib fühle ich mich zu allem fähig, kräftig und voller Tatendrang. Wie lange die Kraft noch halten wird, kann ich nicht voraussagen, aber zurzeit fühle ich mich ausgesprochen wagemutig. Und ich habe mir viel vorgenommen.»

Ich schwieg.

«Doch, doch», widersprach er, als gäbe es Widerspruch, «der Tod ist zu einer Nebensache geworden. Wenn es so weit ist, wird man sich langsam an ihn gewöhnen müssen, dann sollte man dazu imstande sein. Aber bis dahin lebe ich weiter, als gäbe es ihn nicht.»

«Gehört das Ignorieren des Ablebens anderer ebenfalls dazu?», fragte ich. «Eine bekannte Sängerin hat einmal von Ihnen behauptet, Sie würden weniger ihr eigenes als vor allem das Leben jener Frauen ruinieren, die Ihnen zu nahe kämen.»

«O ja, ich weiß. Irmgard Seefried, eine echte Künstlerin. Sie meint es zwar nicht böse, macht mich aber zu einem satanischen Wesen, das alles zerstört, was ihm in die Hände fällt. Auch wenn ich es gar nicht haben wollte. Ich war stets einer, der sich staunend im Bett mit fremden Frauen wiederfand. Nur dass sich die Fälle häuften und ich zuweilen den Fehler beging, einige von ihnen zu heiraten.

Doch zurück zur Mutter, und ernsthaft: Wäre ihr der Selbstmord gelungen, ich wäre ihr ohne Zögern gefolgt. Das hatte ich jedenfalls fest geplant.

Sie hat ja mehrere Versuche gemacht. Ihre Liebschaften wechselten häufig, und beinahe jedes Mal, wenn sie verlassen wurde, verlor sie die Lebenslust. Meine Kindheit und Jugend waren ein einziger Albtraum. Ich glaube, Dantes Besuch in der Hölle ist dagegen das reine Vergnügen gewesen. Mir fällt gerade ein, warum ich mit acht Jahren unbedingt Frauenarzt werden wollte. Das hatte wohl mit den ewigen Streitereien zwischen dem Vater und der Mutter zu tun. Ich bin ihnen nie aus dem Weg gegangen, sondern habe immer versucht zu schlichten. Nur wenn es zu arg wurde, wenn der Vater die Mutter schlug, bin ich unter den Tisch gekrochen. Aber glauben Sie ja nicht, dass meine Mutter sich seine Übergriffe gefallen ließ, sie war eine Furie, die haute auch zurück.

Im Grunde zitterte ich vor ihr mehr als vor meinem Vater. Sie war wie eine Amazonenkönigin, voller Wut und voller Würde. Wenn ihr Gesicht still war, hatte sie eine gewisse Ähnlichkeit – das habe ich oft gehört – mit Marlene Dietrich. Ich mochte die Dietrich allerdings nicht. Es war doch etwas vulgär, wenn sie so dasaß, im Mieder, rittlings auf einem umgedrehten Stuhl, die Arme vorn auf die Lehne gestützt. Und noch weniger ertrug ich den Horror der Gumpendorfer Variante: Meine Mutter pflegte ähnlich auf dem Stuhl zu sitzen, und das auch noch in langen Männerunterhosen vom Vater, die sie auftrug.

Ich dachte immer: Dieses ordinäre Weib am Kucheltisch soll meine Mutter sein? Sie war es, sie ist es immer noch. Und sie wird mich überleben, das spüre ich. Wie schon gesagt, sie hatte zahlreiche Verhältnisse, Pantscherln, die regelmäßig schiefgingen. Vielleicht auch, weil sie ja ein Kind hatte, mich. Darauf wollte sich wohl keiner einlassen.

Schon meine bloße Existenz war ein Problem, da sie ja ständig auf Männersuche war. Ihre Attraktivität war gestört durch diesen Buben – durch mich. Ich war ihr, auf Gumpendorferisch gesagt, lästig wie eine Gwandlaus. Nach der Schule wartete ich oft lange auf sie, hatte Sehnsucht nach ihr. Und dann erschien sie endlich, kam am Arm eines neuen Liebhabers herunter und hatte Augen und Ohren nur für ihn.

Weil sich ihre ständig wechselnden Liebschaften bei den Nachbarn herumsprachen, schrieb ich ihr einmal, als ich schon als Schauspieler unterwegs war, in einem Brief: ‹Das, was die Leute über Dich reden, kann Dich doch gar nicht erschüttern.›

Als Oskar dies erzählte, war er selbst hingegen erschüttert darüber. Aus allem sprach deutlich, wie tief die Verletzungen waren, die er seit seiner Kindheit mit sich herumtrug. Aus jedem Wort konnte ich seine Qual heraushören.

Dass sie kein Kind gewollt hatte, ließ sie ihn wohl immer wieder spüren. Ihm fehlte ihre Zuwendung, und das ließ ihn glauben, er sei nicht liebenswert. Die Vorstellung schien ihn zu verfolgen.

Als er mit acht Jahren den Vorsatz fasste, Frauenarzt zu werden, steckte dahinter wohl die Vorstellung, er könne so einmal seine Mutter besser verstehen, ohne dass er wirklich wusste, was ein Frauenarzt tat. Nach ihrem zweiten Selbstmordversuch, beide wegen eines Mannes, versicherte er ihr in mehreren Briefen: «Wenn Dich Gott heute abberufen würde (er möge mich davor bewahren, ich würde wahnsinnig werden), so ginge einer mit Dir und würde Dich begleiten – Dein Bua!»

«Es gibt nur zwei Möglichkeiten», unterbrach er meine Gedanken, «sich umbringen oder weiterleben. Bisher habe ich mich für Letzteres entschieden. Auch meinem Buben zuliebe. Ein väterlicher Selbstmörder, das ist peinlich und ansteckend.»

Er begann Qualtingers Lied vom «G'schupften Ferdl»

zu summen und sang schließlich lauthals: «‹An der Ecken trifft er dann die Mizzi Wasdapscheck, das beliebte Pin-up-Girl von Hernals. Ihre Kleidung ist wie seine ganz dezent und schick, sie hat beinah echte Perlen um den Hals!›

Meine Mutter war trotz all dieser Schläge und Unsicherheiten sehr ehrgeizig, fast arrogant, und sie war eine Hysterikerin vor dem Herrn. Sie schwankte immer zwischen Größenwahn und tiefsten Minderwertigkeitskomplexen», sprach er weiter.

«Sie, die Hilfsarbeiterin Stefanie Zelta, träumte sehr lange davon, ein Filmstar zu werden. Sie verbrachte ganze Sonntage im Kino. Und selbst als ich es nach Hollywood geschafft hatte, träumte sie noch davon. Was hätte aus ihr werden können, wenn sie es ernsthaft betrieben hätte. Und tatsächlich war im Reichsarbeitsbuch, das es in der Nazizeit gab, neben der Berufsbezeichnung ‹Manipulantin› ein Künstlername eingetragen. Wie sie das fertiggebracht hatte, wird ihr Geheimnis bleiben. Ich aber habe mir schon damals vorgenommen, meinen künstlerischen Auftrag ihr und nur ihr zu widmen. Das habe ich ihr auch wiederholt zu verstehen gegeben. Ich hatte geglaubt, sie damit glücklich zu machen», er fing erneut zu lachen an, diesmal klang es bitter, «aber ich weckte nur ihre Unzufriedenheit. Vielleicht war sie eifersüchtig, auf ihren Sohn.

Ihr war es bald zuwider, sich immer wieder anhören zu müssen, wie schnell ich Karriere machte und wie ich dennoch immerzu an sie dachte. Ich bekam anfangs gar nicht mit, was ich ihr damit antat. Inzwischen nennt sie sich stolz ‹Frau Werner› und benimmt sich in der Öffentlichkeit, als wäre sie etwas Besonderes. Den Namen Bschließmayer will sie gar nicht mehr hören, obwohl sie, zumal auf Ämtern, immer wieder so angesprochen wird.»

Er sprang unvermittelt auf und trippelte wieder zum Fenster hin. Der Sonnenaufgang stand kurz bevor, gleich würde die Morgendämmerung dem Tag weichen.

Herrgott, dachte ich, wann wird es mir endlich erlaubt sein, dieses Haus zu verlassen?

Auch wenn er inzwischen sturzbetrunken sein musste, er konnte stehen, er konnte sprechen, und er konnte scheinbar immer noch meine Gedanken lesen.

«Lassen Sie uns noch ein Glaserl trinken, und danach sorge ich dafür, dass Sie in Ihr Hotel kommen.»

Er erwartete weder Zustimmung noch Widerspruch, griff zur Flasche und füllte nach, wartete, bis ich mich gehorsam wieder gesetzt hatte. Denn ich war gleichzeitig mit ihm aufgesprungen, in der Hoffnung, dies sei die Gelegenheit, sich zu verabschieden. Dann ließ er sich gutgelaunt wieder in seinen Sessel fallen.

Er hatte so offen geredet, dass ich beinahe versucht war, ihm vorzuhalten, wie fahrlässig er mit seinem Leben, seinem Talent und seinen Fähigkeiten umgegangen war. Kein deutscher Schauspieler unserer Zeit hatte solche enormen Chancen geboten bekommen. Ihm war seine Karriere ja förmlich hinterhergetragen worden.

Während unsereiner sich um jedes Engagement bemühen musste, keine große Wahl hatte und auch mal Fliegen mit Seifenlauge fressen musste, war ihm schon ganz am Anfang sein größter Wunsch in Erfüllung gegangen. Fast noch ein Kind, wurde er am Burgtheater engagiert, an die wichtigste aller deutschen Bühnen. Eine Stellung, von der andere Schauspieler ihr Leben lang träumten. Er bekam immer anspruchsvollere und wichtigere Rollen, und schon bald trafen die ersten Filmangebote bei ihm ein.

Was sollte so einer denn noch mehr wollen? Die kurze Zwangspause vom Theater, entstanden durch seine leichtsinnige Entscheidung für den Film in London, war schnell verwunden und vom Publikum vergessen. Der sensationelle Erfolg des «Don Karlos», für den sie ihn an die Burg zurückgeholt hatten, öffnete ihm alle Türen. Er konnte in seinem Vertrag mit dem Burgtheater Sonderbedingungen aushandeln, wie sie keinem anderen gewährt worden wären. Was also fehlte diesem Mann? Aus welchem Grund hatte er mit dieser selbstzerstörerischen Sauferei angefangen?

Die trinkfreudige Verführung durch seinen hochverehrten Krauß allein konnte es nicht gewesen sein. Der Kollege war 1957 gestorben, und Oskar hätte seither mehr als genug Zeit gehabt, um sich von den alkoholischen Gelagen jener Tage zu erholen und von seiner Trunksucht loszukommen.

Oder glaubte er vielleicht insgeheim gar nicht an sein Talent, an seine Berufung? Nahm er seinen glänzenden Aufstieg als einen unverdienten Glücksfall, im Innersten zutiefst überzeugt davon, ihn nicht verdient zu haben? Einen Glücksfall von jugendlichem Erfolg, der ihn aber mit dem Fluch geschlagen hatte, das normale Altern nicht aushalten zu können?

Ich konnte ihn die ganze Zeit genau beobachten und kam nicht umhin, die grausamen Spuren seiner frühen Vergreisung wahrzunehmen: seine zarte, gebrechliche Figur, die sich immer stärker aufzulösen schien, seine müde, heisere Stimme, die einmal so bezwingend gewesen war, und seine jähzornige Auflehnung gegen das Älterwerden, die mich immer wieder unvermutet ansprang. Dazu kamen die weinerlichen halben Entschuldigungen nach seinen Wutausbrüchen und die beinahe verzweifelten Bitten, ihn nicht allein zu lassen. Da hatte er eine Überzeugungskraft, der man sich kaum entziehen konnte. Ich war mir nicht einmal mehr sicher, ob ich, hätte er früher wirklich ein Taxi gerufen, seinem stummen Flehen an der Haustür hätte widerstehen können.

Ich trank gerne ein Glas und genoss es auch, aber nie wäre mir in den Sinn gekommen, mich derart an den Alkohol zu klammern. Auch hatte ich von Kollegen, die ihn schon länger kannten, gehört, dass er eigentlich jederzeit in der Lage gewesen wäre, aufzuhören und keinen Tropfen mehr anzurühren. Er verachtete die Sauferei selber, hatte er oft gesagt, sie sei ja nur zum Totmachen gut, und dabei stelle sie eine besonders widerliche Art dar, sich aus der Welt zu schaffen. Er hatte sich auch noch nie einer Entziehungskur unterzogen. Wenn er nach einer Pause wieder zu trinken anfing, so seine Erklärung, dann geschah das aus freiwilligem Entschluss, um ein langsames Hindämmern einzuleiten. Vor schmerzenden Krankheiten und Todesarten fürchtete er sich zutiefst: «Ich bevorzuge entweder ein langsames, stilles Erlöschen oder aber einen schnellen Herzstillstand.»

Das leuchtete mir ein. Die Versicherungen gegenüber seiner Mutter, ihr zu folgen, falls sie sich aus diesem Leben davonmachte, klangen sehr glaubwürdig. Doch warum trieb ihn dann diese große Sehnsucht nach seinen früheren Erfolgen, dieser Wunsch, Rollen zu spielen, die er aufgrund seines Alters eigentlich nicht mehr darstellen konnte, auch nicht, wenn er noch genügend Energie hätte, sie durchzustehen?

So wie ich ihn hier vor mir sah, zweifelte ich stark daran, dass er bald wieder auf eine Bühne oder vor die Kamera zurückkehren sollte. Falls man ihm überhaupt noch Rollen anbieten würde. Er hatte sich nämlich inzwischen einen Namen als großer Ablehner gemacht, nicht nur in der Filmbranche, auch in Theater-Gefilden.

Einmal verweigerte er beispielsweise seine Mitwirkung an einer Aufzeichnung von Felix Brauns «Orpheus» – mit der Begründung, die Beleuchtungsverhältnisse entsprächen nicht denen der ursprünglichen Aufführung bei den Bregenzer Festspielen. Diese skurrile Argumentation erklärte sich später jedoch dadurch, dass ihm gleichzeitig ein reizvolles Filmangebot gemacht worden war, dem er nicht widerstehen konnte. Mit einem Wort, er hatte schon so viele Absagen gegeben, dass ihm irgendwann auch nichts mehr angeboten worden war. Die oft fadenscheinigen Ausreden, warum er dies oder jenes nicht spielen konnte, wurden ihm irgendwann nicht mehr abgenommen.

Dennoch hatte er wohl auch ernsthafte Gründe, die Rückkehr in ein Ensemble zu scheuen. Zum einen die Angst vor der längeren Bindung an ein Institut, zum anderen aber gewiss auch die Furcht vor dem textlichen Versagen. Vielleicht zog er sich deshalb auf ihm gut bekannte Rollen zurück, die er so oft gespielt hatte, dass Textängste nicht so sehr ins Gewicht fielen. Nur vergaß er eben sein Alter. Wie in aller Welt wollte dieser trippelnde, zappelnde, greisenhafte Mann jugendliche Helden darstellen?

Warum sah er nicht entschlossen in den Spiegel und entschied sich für Rollencharaktere, die seinem Alter entsprachen, den Lear, den König Philipp und so viele andere? Oder warum zog er sich nicht gänzlich zurück, kurierte sich vom Alkohol und vom Theater und lebte einem ruhigen Tod entgegen? Hatte er Geldsorgen? Ging ihm die Idylle seines liechtensteinischen Anwesens vielleicht auf die Nerven?

«Sie sollten mit dem Trinken aufhören und ein längerfristiges Engagement abschließen», eröffnete ich das Gespräch von neuem. «Ich bin sicher, dass das Burgtheater Sie mit offenen Armen empfangen würde. Wenn Sie wieder zu Kräften gekommen sind, könnten Sie all die großen, Ihrem Alter entsprechenden Rollen in Angriff nehmen.»

«Kommen Sie mir nicht mit solchen Ratschlägen», entgegnete er. «Was hätte ich denn davon? Soll ich mich denn erneut diesen Spielleitern unterwerfen, diesen Korinthenkackern, die mir höflich beizubringen versuchen, wie man heutzutage Theater spielt? Das würde einen langwierigen, schmerzhaften künstlerischen Tod bedeuten, den ich unter keinen Umständen erleiden möchte. O nein, wenn ich zur Bühne zurückgehe, dann nur als mein eigener Herr. Als Regisseur in den von mir ausgesuchten Rollen und Ensembles. Damit würde ich zur Idealvorstellung meiner Kindertage zurückkehren.»

«Aber Sie haben sich doch selbst vom Theater sang- und klanglos verabschiedet, als man Ihnen ein Filmangebot im Ausland offerierte», entfuhr es mir, böswilliger im Ton, als ich wollte. Er ignorierte meinen Angriff jedoch und nickte mir abwesend zu. Dann schwieg er und trank in kleinen Schlucken seinen Wein. Er schien es schon vergessen zu haben, doch dann antwortete er.

«Es mag eine unlautere und juristisch anfechtbare Handlung gewesen sein. Aber ich wollte mir nicht vorschreiben lassen, was ich zu tun und zu lassen habe. Meinem Anspruch auf freie Entscheidung lief das völlig zuwider. Und nur darum ging es. Die Freiheit war mir am wichtigsten. Ich habe die hohen Herrschaften von der Burg ja später auch noch zusätzlich verärgert, indem ich am Theater in der Josefstadt auftrat. Unter anderem als Hamlet, den man mir an der Burg nicht angeboten hatte.

Als mich dann Josef Gielen, der neue Direktor, so unvermittelt für den ‹Don Karlos› an die Burg zurückholte, war ich darüber durchaus überrascht, aber auch sehr froh. Eigentlich haben sich die Dinge immer wieder wie von selbst geordnet. Auch der sogenannte Vertragsbruch mit einer Hollywoodfirma, die mich billig abspeisen wollte, obwohl ich ihr einen großen Erfolg eingespielt hatte.

‹Schauen Sie›, sagte ich ihnen höflich, ‹ich bin ein renitenter Mensch und zerkriege mich ja doch mit euch, weil ich das meiste, das ihr mir anbietet, auf keinen Fall spielen will.› Auch sie kamen ohne viel Federlesens wieder auf mich zu, als sie mich brauchten. Und was war das für eine herrliche Zeit! Das Spiel mit Richard Burton, und dann, nach dem Drehen, die Abende mit ihm in Berlin. In einem sehr angesagten Lokal bestellten wir uns einmal zum Nachtisch eine riesige Portion Schlagobers, dann seiften wir uns gegenseitig damit ein, ergriffen die Obstmesser und rasierten uns die Sahne runter. Die anderen Gäste schrien vor Lachen, als wir uns wie Barbiere den Schlagobers von den Wangen kratzten, unsere Finger ableckten und dabei Gesichter zogen, als würden wir Seife schmecken.

Wir waren zwei perfekte Friseure und übten unser Handwerk mit allem Drum und Dran aus: Hautstraffen, Abwischen des Rasiermessers am Tischtuch – doch zur Beendigung der Szene kamen wir nicht mehr: Nachdem man uns nachdrücklich zum Begleichen der Rechnung aufgefordert hatte, wurden wir auf elegante Weise hinausbefördert.

Auf der Straße lachten wir weiter, dann trafen wir in einem gemütlichen bayerischen Bierlokal in der Nähe Burtons Frau. Er stellte sie mir folgendermaßen vor: ‹Meine anbetungswürdige, schwierige, aufsässige, unerträgliche Frau, Elizabeth Taylor.› Ich teilte seine Ansicht nicht. Am anderen Tag erzählte ich einem Bekannten: ‹Die Liz is' a fade Powidl. Die hätte man mir nackert auf den Bauch binden können.›»

Er hing seinen Gedanken nach, und mich ergriff eine Schüchternheit, die ich sonst nicht von mir kannte. Eigentlich hätte ich ihn gern noch einmal auf die vollkommen wahnsinnige Idee angesprochen, dass er sich in seiner Verfassung die jugendlichen Helden vornahm. Jemand musste ihm diesen Irrsinn ausreden. Aber da wir das Thema vor Stunden schon diskutiert hatten und er derart wütend geworden war, scheute ich nun eine erneute Auseinandersetzung, dazu reichte meine Kraft einfach nicht mehr aus.

«Sie haben recht», ließ sich Oskar wieder vernehmen, «ich müsste diese maßlose Sauferei aufgeben und wieder zu Kräften kommen. Ich brauche diesen Stoff aber gerade, um mich kräftiger und wohler zu fühlen, und immer mehr davon. Wenn ich aber getrunken habe, dann dauert es eine Zeit, bis ich wieder in meine Schwäche zurückfalle. In diese Zwischenzeit, die drei oder vier Stunden dauern kann, könnte ich mühelos eine ganze Theateraufführung hineinpacken.

Die Frage ist nur, wofür entscheidet man sich? Hört man zu trinken auf, dann muss man in Kauf nehmen, dass es mit der Wiederauferstehung eine ganze Weile dauern könnte. Oder man säuft halt weiter, bis gar nichts mehr geht.»

Er tippelte wieder zum Panoramafenster, sah in die aufgehende Morgensonne hinaus und nahm einen kleinen Schluck aus dem Glas, das er in der Hand hielt.

«Mit zunehmendem Alter nähert man sich immer weiter seiner Jugend, ja, seiner Kindheit», sagte er leise, ich konnte es kaum verstehen.

«Sie sollten mich doch eigentlich als Oskar Josef Bschließmayer ansprechen. Das hatte ich mir jedenfalls zu Anfang unserer Unterhaltung ausgebeten. Finden Sie nicht, dass das ein viel originellerer Name als Oskar Werner ist? Ich könnte mich noch heute ohrfeigen, dass ich damals auf diese Namensänderung bestanden habe. Ich war wohl der Ansicht, dass ich als Mister Bschließmayer keine internationale Karriere hätte beginnen können. Auch meine erste Frau bestärkte mich darin. In den Programmheften des Burgtheaters nehme sich der Namen Bschließmayer nicht sonderlich elegant aus. Schön habe ich den Namen nie gefunden, und doch denke ich heute anders darüber. Meine Qualität hätte ganz sicher ausgereicht, dass ich selbst mit diesem Namen eine Karriere gehabt hätte. Schwieriger, ja, schwieriger wäre es geworden.»

Er begann, den Namen Bschließmayer mit englischem Akzent auszusprechen, mehrmals hintereinander, rutschte dabei ins Bayerische ab, wurde immer lauter und begann, sich köstlich darüber zu amüsieren. Er versuchte, ihn abzukürzen, nannte sich «Bschließi» oder machte zwei Namen daraus: «Mayer Bschließ, Mayer Beschließer.»

Den britischen Akzent traf er immer besser. Vor lauter Lachen und gleichzeitigem Trinken bekam er einen lang anhaltenden Hustenanfall und ließ sich wieder in seinen Sessel plumpsen. «Warum haben Sie bisher keine solche Karriere gemacht? Mit Ihrem Namen wäre es doch ein Leichtes gewesen?», fing er wieder an, plötzlich mit einer aggressiven Schärfe in der Stimme. «Haben Sie sich nicht darum gekümmert, oder reichte das Talent nicht?»

Ich wusste sofort, gleich würde ihn seine große Müdigkeit zu Provokationen veranlassen. Er würde mit allen Mitteln Streit suchen und mich womöglich aus dem Haus treiben. Wahrscheinlich legte er es sogar darauf an. Und falls er sich weigerte, mir ein Taxi zu rufen, hatte ich ein sehr anstrengendes Problem, denn es waren mindestens zehn Kilometer bis in die Stadt hinunter.

«Ja», versuchte ich ihn zu beschwichtigen, «Sie sind schon auf der richtigen Spur. Ich glaube, mein Talent reichte wirklich nicht aus. Aber nun muss ich Sie doch bitten, mir einen Wagen zu bestellen. Ich bin hundemüde und brauche meinen Schlaf.»

«Ja, natürlich», rief er, «Sie stehen ja heute Abend wieder auf der Bühne. Und noch dazu in dieser scheußlichen Rolle. Das Problem ist nur, jetzt in der Frühe fahren noch keine Taxis. Mögen Sie eigentlich, was Sie da spielen? Ich jedenfalls kann nur dann eine Rolle darstellen, wenn ich einige ihrer Charakterzüge bei mir wiederfinde. Haben

Sie etwas von dem, was Sie dort spielen, in sich entdeckt? Sie spielen das ja zum Teil beängstigend glaubwürdig.

Und eben das löste in mir wiederum eine schleichende Angst aus, nein, besser gesagt: eine immer stärkere Antipathie. Können Sie das verstehen? Hat Sie die Darstellung dieser Figur denn gereizt, oder wählen Sie Ihre Rollen eher unbedacht aus?»

«Unbedacht kann ich nicht dazu sagen. Irgendwer muss es am Ende doch darstellen. Der Jean ist eine außergewöhnlich spannende Aufgabe. Warum also nicht ich? Und außerdem hat mich die Zusammenarbeit mit Bergman gereizt, ich war sehr neugierig auf ihn. Was immer dabei herausgekommen sein mag, für mich war es überaus befriedigend.»

«Hatten Sie nie Auseinandersetzungen mit ihm?», fragte Bschließmayer.

«Nicht in dieser Produktion», erwiderte ich.

Meine Müdigkeit war verflogen, und meine aufgestaute Wut ließ sich nur noch mühsam beherrschen. Darüber hinaus überkam mich eine seltsame Unruhe. Ich sah ihm an, dass er zwanghaft nach einer Möglichkeit suchte, um mich zu provozieren. Vielleicht wartete er auf eine Explosion meinerseits, doch das musste ich unter allen Umständen verhindern.

«Wie haben Sie ihn denn kennengelernt?», bohrte er unbeirrt weiter.

«Er hatte mich in München als Hamlet gesehen und bestand darauf, mit mir zu arbeiten.»

«Ah, er schätzte Ihren Hamlet. Haben Sie ihm da nicht

gebeichtet, dass Sie meinen Frankfurter Hamlet gesehen und bewundert haben?»

«Das habe ich.»

«Haben Sie mich in München vielleicht nachgeäfft?»

Hatte ich recht gehört? Diese unsagbare Grobheit, eine solch unverschämte Unterstellung hatte ich von ihm nicht erwartet. Dennoch zwang ich mich zur Ruhe.

«Nein, das habe ich bestimmt nicht getan», erwiderte ich beherrscht. «Der zeitliche Abstand zwischen Ihrem Hamlet und dem meinen hat alle Eindrücke, von denen ich hätte profitieren können, weitgehend verwischt. Meinen ersten Versuch in dieser Rolle hatte ich ja schon in Wiesbaden, den zweiten später dann habe ich ebenfalls in Frankfurt gestartet.»

«Dreihundert Mal haben Sie ihn dargestellt, sagten Sie? Na, da werden Sie sich doch sicher nicht weigern, mir zu schildern, wie Sie ihn gespielt haben?»

«Doch, das tue ich. Im Moment bin ich einfach zu müde dazu.»

«Dann schlage ich vor, dass ich uns jetzt erst einmal einen starken Kaffee koche. Danach können wir dann entscheiden, ob wir die Unterhaltung weiterführen oder ich Sie in Ihr Hotel bringen soll.»

Er stand auf und ging in die Küche, ohne auf Widerspruch zu warten, so selbstsicher, wie ich es mittlerweile von ihm gewohnt war.

Dabei stimmte ich diesem Plan keineswegs zu. Mich von ihm ins Hotel fahren zu lassen? Das hätte mir gerade noch gefehlt. In seinem Zustand? Ich musste ihn irgendwie dazu bringen, einen Wagen zu rufen. Ich begann, diesen Abend zu bereuen. Abgesehen davon, dass ich mich bei dem Ruf, der ihm vorausging, ohnehin nie auf seine Einladung hätte einlassen dürfen, hätte ich zumindest damit rechnen müssen, dass diese Begegnung keineswegs angenehm verlaufen würde. Ich verwünschte meine Neugier und beschloss, ihm weiterhin konsequent, aber so ruhig wie möglich die Stirn zu bieten. Auf der Fahrt hierher waren mir keine anderen Häuser aufgefallen, wo ich im Notfall um ein Telefonat nach einem Taxi hätte bitten können. Ich war völlig angewiesen auf seine Höflichkeit und Hilfsbereitschaft.

Als er zehn Minuten später mit einem Tablett, auf dem Kaffeetassen und eine dampfende Kanne standen, zurückkam, fragte er mich bestens gelaunt, wie ich meinen Kaffee zu trinken pflege.

«Mit Milch und Zucker», bat ich.

Nachdem er mich freundlich bedient hatte, setzte er sich wieder in seinen Sessel und nahm einen Schluck aus seiner Tasse.

«Erzählen Sie mir doch einmal, wie es mit Ihrer Theaterkarriere weiterging», forderte er mich auf. Ich vernahm durchaus die leise Ironie in seinem Ton, ließ mir das aber nicht anmerken.

«Nun gut», begann ich versöhnlich. «Nach meinem kurzen Debüt am Deutschen Theater in Berlin wechselte ich an das Haus am Schiffbauerdamm. Ich musste dort dem neu eingesetzten Intendanten Fritz Wisten vorsprechen. Er hörte mir ruhig zu, unterbrach mich nicht und beschied mir danach, dass ihn meine technischen Fertigkeiten sehr erstaunten, dass er dahinter jedoch noch keine auch nur halbwegs fertige Persönlichkeit erkennen könne. Wie denn auch, bei meinem Alter. Dennoch war er sofort bereit, mich zu engagieren. Er hatte nämlich den Eindruck, an mir sei einiges Interessante, das man entwickeln könne. Wisten hatte Eigenheiten, die mich verblüfften: Während er sprach, schnalzte er fortwährend mit der Zunge, als ob er sie nach jedem Satz erst wieder vom Gaumen lösen müsse. Dazu legte er seine Finger an die Stirn, als wolle er von dort die nächsten Worte herausdrücken.

Das sah so komisch, so gespielt aus, als wolle er sich über unsere Unterhaltung lustig machen, und ich ahmte unwillkürlich einige seiner Gesten nach. Er, erschrocken, hielt in seinen Erklärungen inne. Und erklärte mir nun sehr ernsthaft, dass er bisweilen an Sprachhemmungen litt, die von seiner Inhaftierung im Konzentrationslager Sachsenhausen herrührten. Deshalb könne er auch nicht mehr als Schauspieler auftreten.

Wie ich später erfuhr, soll er ein ganz hervorragender und ungewöhnlicher Schauspieler gewesen sein, bevor er wegen seiner jüdischen Herkunft eingesperrt wurde. Ich schämte mich über das Missverständnis und meine ahnungslose Taktlosigkeit beinahe zu Tode, doch er nahm es gelassen hin und lachte beinahe darüber.

Jedenfalls setzte er mich zu meinem Einstand gleich in einer Monsterrolle ein. In einem Stück von Gribojedov, einem russischen Klassiker. Franz Kutschera, ein Starschauspieler des Hauses, der sich unbedingt als Regisseur betätigen wollte, bekam die Spielleitung zugewiesen und zwiebelte mich beinahe unerträglich, ließ mich jedoch am Ende die Rolle nach meiner Vorstellung gestalten. Meine Mutter, die in der Premiere saß und sich danach zur Feier einladen ließ, antwortete Kutschera auf seine Frage, wie ihr denn der Sohn gefallen hätte: Für meine Möglichkeiten sei ich schon recht eindrucksvoll gewesen; doch, ja, sie sei beeindruckt. Und die Regie?, wollte Kutschera weiter wissen, habe die Regie sie ebenfalls beeindruckt?

‹Nun ja›, sagte sie und verzog ein bisschen das Gesicht, ‹sie war nicht schön, und sie war nicht mies, eher schön mies.›

Damit war für Kutschera der Abend gelaufen. Später, in Frankfurt, traf ich den Kollegen dann wieder. Er war lange vor mir in den Westen gegangen, und in meinen ‹Hamlet›-Aufführungen in Frankfurt wie in München spielte er den Polonius. Den Ausspruch meiner Mutter hat er nie vergessen. Immer wenn sich eine Gelegenheit ergab, glaubte er, mich daran erinnern zu müssen. Stets lachend und stets mit einer Prise Bitterkeit darin.»

Ich war mit dieser Episode zu Ende und wartete auf weitere Fragen. Doch sie kamen nicht. Stattdessen schlürfte Oskar beinahe unhörbar seinen Kaffee. Mit einem Mal sah er sehr müde aus. Jetzt war womöglich der günstige Moment, ihn daran zu erinnern, dass ich endlich in mein Hotel müsse. Nachdrücklich sagte ich, wir seien doch beide sehr müde, und es sei an der Zeit, sich zu verabschieden. Sofort richtete er sich auf und widersprach mit einiger Lautstärke, als wollte er damit zeigen, wie frisch und aufnahmefähig er noch sei.

«Sind Sie nicht auch einmal in Berlin aufgetreten?», fragte er.

Ich schaute ihn an und muss dabei völlig perplex ausgesehen haben, denn er präzisierte seine Frage sofort.

«Ich meine, später, als Sie im Westteil der Stadt engagiert waren. Das muss doch ziemlich erfolgreich für Sie gewesen sein, oder nicht?»

«Wenn Sie darauf anspielen, dass ich dort George Tabori kennengelernt habe, dann könnte man es so nennen», erwiderte ich lustlos.

«Ich habe mir die Aufführung angesehen, die er erarbeitet hat. Sehr beeindruckend. ‹Die Kannibalen›, nicht wahr?»

«Es war eine der schwierigsten, anstrengendsten und schönsten Arbeiten, an denen ich jemals mitgewirkt habe.»

«Inwiefern?»

«Diese Art, an einen Text heranzugehen, ihm quasi erst im Szenischen die endgültige Form zu verleihen, das kannte ich vorher nicht. Allerdings würde ich den Löwenanteil am Erfolg dem eigentlichen Spielleiter zuschlagen, Taboris Schwiegersohn Martin Fried. Wann haben Sie sich die ‹Kannibalen› denn angesehen?»

«Zur Premiere, 1969. Ich flog ganz kurzfristig nach

Berlin. Zur deutschen Erstaufführung. Die Uraufführung in New York ein Jahr zuvor hatte ich leider verpasst.»

«Dann haben Sie sicher auch die Komplikationen mitbekommen, mit denen die Produktion verbunden war.»

«Nur am Ende der Vorstellung. Da hatten die Studenten die Bühne gestürmt und wollten Sie auf den Schultern ins Freie tragen.»

«Die Revoluzzer hatten die vorderen Reihen besetzt und protestierten am Ende dagegen, ‹eine so wichtige Vorstellung in diesem beschissenen Staatstheater› zu spielen. Wir sollten mit der Inszenierung auf die Straße gehen, dort wären die viel besseren Zuschauer. Ja, sie packten mich und wollten mich hinaus auf die Straße tragen, aber ich konnte mich befreien und herunterspringen.»

«Wissen Sie, im Grunde macht genau das den Unterschied zwischen Wien und Berlin aus. Auch bei größter Begeisterung würde es den Wienern nie einfallen, selbst auf die Bühne zu laufen und die Mimen ins Freie zu tragen. Wobei, ich hätte das durchaus gern auch einmal erlebt, im ‹Don Karlos› oder im ‹Becket›. Aber daran wäre selbst im Traum nie zu denken gewesen.»

«Dass sich so eine Begeisterung entwickelte, hatte natürlich auch mit dem Thema des Stücks und den Studentenunruhen zu tun», erwiderte ich.

«Das Stück war heiß diskutiert worden. Die Jüdische Gemeinde hatte gegen die Aufführung sogar eine einstweilige Verfügung angestrengt, der aber nicht stattgegeben wurde. Wir spielten über siebzig Vorstellungen bei ausverkauftem Haus und waren dann doch froh, als es abgesetzt wurde. Die Auseinandersetzung mit Auschwitz, die das Stück darstellt, hat uns Schauspielern schwer zu schaffen gemacht. Im Grunde hatte diese Darstellung eine schlimmere Wirkung auf mich als alles, was ich im Berliner Bombenkrieg erlebt hatte.»

Sein Blick, der eben noch wie von einem Schleier überzogen gewesen war, wurde plötzlich wieder klar. «Was haben Sie denn selbst erlebt? Wie haben Sie überhaupt diesen Krieg überlebt? Als jüdischer Junge? Mitten in der Reichshauptstadt, umgeben von Nazis, Mitläufern und Denunzianten?»

Ich hatte im Grunde keine Kraft mehr zu reden, und eigentlich war mir das Thema viel zu intim, um mit ihm darüber zu sprechen. Aber wenn ich schon partout nicht von diesem Ort wegkam, dann wollte ich lieber selbst erzählen, statt seinen Geschichten zuzuhören, von denen man inzwischen nicht mehr wusste, ob sie wahr oder erfunden waren.

«1943 mussten meine Mutter und ich in den Untergrund flüchten. Die Geschäftspartnerin meines Vaters, eine ebenso großherzige wie mutige Frau, hatte uns eine provisorische Unterkunft verschafft. Als mein Vater das gemeinsame Geschäft für Wolle und Trikotagen nicht mehr führen durfte, hätte sie nach dem verbrecherischen deutschen Recht den Laden für sich beanspruchen können. Doch sie dachte gar nicht daran und teilte bis zum Kriegsende akkurat alle Einnahmen mit uns. Als wir abtauchen mussten, half sie so selbstverständlich und unkompliziert wie immer. Sie brachte uns erst einmal bei einer geschäftstüchtigen Bekannten von ihr unter, einer Mutter, die ihre drei Töchter mehr oder weniger auf den Strich schickte. Zwei von ihnen betrieben ihr Gewerbe in der Wohnung, nur Rosa, die Hübscheste und Jüngste, die nach Frühling und Maiglöckchen roch und immer fröhlich war, arbeitete ‹außer Hause›, wie sie sich ausdrückte, in sehr gewählten Worten. Grete, die Älteste von ihnen, eine etwas dümmliche, aber gutmütige Frau mit wenigen Zähnen und säbelkrummen Beinen, teilte zunächst ihr Zimmer mit uns und ihrem kleinen Sohn Horst, und oft empfing sie hier eben auch ihre Freier. In solchen Nächten ging es mitunter hoch her. Die Männer vergaßen schnell, dass sie Publikum hatten, oder genossen es sogar und gerieten besonders in Ekstase. Ich kann mich gut erinnern, dass mir meine Mutter dann die Ohren zuhielt. Mamas Gesicht konnte ich in der Dunkelheit nicht sehen, aber ihre Tränen, die mir auf die Haut tropften, die habe ich gespürt. Nach kurzer Zeit durften wir in Rosas Zimmer umziehen. Mutter hatte mit der Vermieterin gesprochen. Die sah zwar nicht ein, wieso ich Schaden nehmen sollte, nur wegen ‹dem bisschen Fickerei, det der Kleene da zu hören kriegt›, aber meine Mutter konnte sehr nachdrücklich sein, wenn es drauf ankam.

Jetzt hatten wir in der Nacht wieder Ruhe. Manchmal durfte ich zum Einschlafen sogar zu Rosa ins Bett, wenn es nämlich in Gretes Zimmer wieder allzu lustig zuging. Dann streichelte sie mich und flüsterte: ‹Wird schon allet jut werden, wird schon allet jut.› Rosa war vielleicht die erste Frau, in die ich ein bisschen verliebt war.»

Bschließmayer, der mir gebannt zuhörte, lächelte versonnen. «Erzählen Sie weiter, bitte.» Ich hatte so wenig Lust wie zuvor, aber er sah mich so aufmerksam, so ernsthaft interessiert an, dass ich ihm den Gefallen tat. «Die ersten Tage nach unserer Flucht aus der Wohnung in Schöneberg waren schrecklich für mich. Obwohl meine Mutter mich immer wieder beruhigte: Uns würde schon nichts passieren, wenn ich mich ihr gegenüber gehorsam verhielte. ‹Wenn du genau machst, was ich dir sage, dann bringe ich uns hier raus. Das verspreche ich dir. Beim Grab deines Vaters.›

Denn etwas ganz Entsetzliches hatte ich schon erfahren müssen: Im September 1939 hatten zwei höfliche Männer in Zivil meinen Vater um fünf Uhr morgens aus unserer Wohnung abgeholt. Er wurde ins Konzentrationslager Sachsenhausen gebracht, wo ihm die Aufseher ein paar Wochen später aus einer Laune heraus mit brutalen Tritten die Rippen in die Lunge getreten haben. Meine Mutter hat es noch irgendwie geschafft, ihn mit einem Krankenwagen aus dem Lager zu holen und ins Jüdische Krankenhaus in der Iranischen Straße bringen zu lassen. Ein Hasardeurstück – ich begreife bis heute nicht, wie sie das angestellt hat. Aber sicher hatte es mit dem entsetzlichem Zustand zu tun, in dem er sich befand. Als die Nazis ihn entließen, muss ihnen bewusst gewesen sein, dass er nur noch wenige Wochen zu leben haben würde. In ihrer unmenschlichen Logik schickten sie ihn nicht zum Leben nach Hause, sondern zum Sterben. Als ich meinen Vater im Krankenhaus wiedersah, kam mir sein rasierter Schädel klein wie ein Babykopf vor. Ich konnte überhaupt nicht verstehen, welche Art von Konzentration er in diesem Lager gelernt haben sollte. Seine Verletzungen waren so schwer, dass er am 28. April 1940 elendiglich daran gestorben ist.»

Nun gab ich mich doch meinen Erinnerungen hin und erzählte frei, was während des Krieges geschehen war. Ich schilderte, wie Mutter und ich drei Jahre später aus der Wohnung, die wir bis dahin mit einer anderen Familie teilen mussten, Hals über Kopf in den Fahrstuhl geflüchtet waren, als wir die eisenbeschlagenen Stiefel der SS-Männer über den Hinterhof marschieren hörten.

«Die Judensterne hatten wir uns von den Mänteln gerissen, dann waren wir im Vorderhaus nach unten gefahren, während der SS-Trupp in voller Montur, mit Stahlhelmen und schussbereiten MPs, die Treppen hinaufpolterte. In den ersten Nächten nach dieser Flucht schliefen wir in fremden Treppenhäusern, meist im Hochparterre, wo uns die Stufen ein wenig Schutz boten. Wenn die Sirenen zum Luftalarm schlugen, sprangen wir blitzschnell auf und überzeugten die nach unten eilenden Hausbewohner, dass wir unser eigenes Heim samt rettendem Luftschutzkeller nicht mehr erreichen könnten und dass wir deshalb hier bei ihnen Unterschlupf gesucht hatten. In der allgemeinen Hektik und Not war keine Zeit für Fragen. Die Leute nahmen uns einfach mit, teilten mit uns ihre Wolldecken und gaben uns oft sogar heißen Tee aus ihren Thermoskannen zu trinken. Unsere Mägen, die vor Hunger brannten, wurden schon nach ein paar Schlucken warm, und wir fühlten uns davon sogar ein bisschen gesättigt, zumindest für eine kurze Zeit. Wenn dann im Minutentakt die Bomben über uns einschlugen, war es zu laut für weitere Nachfragen. Überhaupt war die Situation viel zu bedrohlich, als dass sich irgendwer groß für uns interessiert hätte. Im Luftschutzkeller konnten wir das sein, was wir draußen dank Onkel Adolf nicht mehr waren – ganz normale Deutsche.

Schließlich kamen wir zu jener Familie, die den Privatpuff betrieb. Die Geschäftspartnerin meines Vaters ließ uns durch einen vertrauenswürdigen Freund zu ihnen bringen. Er kannte sich bestens aus und führte uns über umständliche Schleichwege zu Fuß in die neue Übergangswohnung. Es dauerte viele Stunden, aber öffentliche Verkehrsmittel durften wir ohne gültige Ausweise natürlich nicht benutzen. Oft wurde der lange Weg von Fliegeralarm unterbrochen. Einmal schafften wir es nicht rechtzeitig in einen Luftschutzbunker, und der Bombenangriff überraschte uns unter einer Unterführung. Wie ein satter, aber tödlicher Regen fielen die Spreng- und Brandbomben vom Himmel.

Doch am meisten fürchteten wir die Luftminen. Während sich Sprengbomben lautstark durch langes Pfeifen ankündigten, machten Luftminen erst kurz vor dem Aufschlagen ein böses, heulendes Geräusch, unmittelbar bevor sie bei Bodenberührung explodierten. Alles, was sich in ihrer Nähe befand, wurde von Metallstücken durchsiebt.»

«Aber den Spreng- und Brandbomben konnte man noch ausweichen?», wollte Bschließmayer wissen.

«Nicht, wenn man im Hauskeller saß und das Gebäude direkt getroffen wurde.»

«Und wer war dieser Mann, der Ihre Mutter und Sie begleitete?»

Ich sah meinen Gastgeber an. Er saß kerzengerade da, die Augen voller Mitgefühl auf mich gerichtet. Er hielt, so kam es mir zumindest vor, kurz den Atem an.

«Ein Kommunist, der selbst schon im KZ gewesen war. Er erzählte mir, dass er einmal vierundzwanzig Stunden am Stück hatte marschieren müssen. ‹Wer schwächelte, der hat sofort das Zeitliche gesegnet, Kurzer›, hatte er mir mit strahlendem Blick erzählt. Er hatte ein Glasauge, das er bedrohlich oder übermütig funkeln lassen konnte, je nachdem, wie das Licht fiel. Wir hatten ihn am U-Bahnhof Fehrbelliner Platz getroffen. Die Gebäude dort waren im einschüchternden nationalsozialistischen Stil erbaut worden. Merkwürdigerweise stehen die meisten davon noch, ausgerechnet sie wurden im Krieg nicht zerbombt. Später nahm uns dieser Mann bei sich selbst auf, in seinem Haus in den östlichen Außenbezirken. Er war Gärtner und hatte immer viel zu tun. Ein gutes halbes Jahr vor Kriegsende kam er ein zweites Mal in ein KZ, diesmal nach Mauthausen, weil man ihn beim Verteilen von Flugblättern erwischt hatte, auf denen anti-nationalsozialistische Parolen standen. Ein verrückter Bursche, aber zäh.

Er überlebte auch seinen zweiten Lageraufenthalt. Er war spindeldürr, als er zurückkam, eine Zeitlang musste er gepflegt werden. Das übernahmen meine Mutter und seine Schwägerin. Eine fabelhafte Frau, die uns sogar ein zweites Mal bei sich aufnahm, nachdem wir beinahe bei ihr entdeckt worden waren. Wir konnten buchstäblich in letzter Sekunde fliehen, indem wir mitten in der Nacht aus einem Fenster im ersten Stock in den dunklen Garten sprangen. Kaum hatten die Nazis das Haus verlassen, machte sie sich auf, um uns zu suchen. ‹Im gleichen Haus suchen die doch kein zweites Mal›, hatte sie gesagt. Sie empfing uns mit offenen Armen, als wären wir nach langer Zeit wiedergefundene Freunde. Ihre Schwester, die mit ihrem Mann zusammen abgeholt worden war, hat das KZ nicht überlebt. Sie muss auf entsetzlich qualvolle Weise im Lager Ravensbrück umgekommen sein. Die Aufseherinnen hatten ihre extra abgerichteten Schäferhunde auf sie gehetzt. Sie waren darauf trainiert, sich in den Unterleib der Gefangenen zu verbeißen.»

«Hören Sie auf, das ist ja nicht zu ertragen!», rief Bschließmayer. «Wie haben Sie denn diese Hölle überlebt?»

«Indem ich meiner Mutter gehorcht habe.»

Er schwieg, zündete sich eine Zigarette an und schaute den Rauchschwaden hinterher, die er in die Luft blies. Meine Anwesenheit schien er vollkommen vergessen zu haben. Ich hätte so gern die Augen geschlossen, aber ich hatte Angst, ich würde auf der Stelle einschlafen. Und so unhöflich wollte ich nicht sein.

Ich muss wohl trotzdem kurz eingenickt sein, denn seine Stimme holte mich wie aus weiter Ferne zurück. Er erzählte vom Krieg, von seinem persönlichen Albtraum, den er bis heute nicht verwunden hatte.

«Ich war doch im September vierundvierzig im Arsenal der Stadt Wien verschüttet worden. Einhundertundfünf Bomben hatten wir draufbekommen. Noch lange nach Kriegsende hat jedes Gewitter in mir eine ähnliche Panik ausgelöst wie ein Bombenangriff. Akustisch und optisch. Vor allem die Gewitter in der Wachau machten mir lange Zeit Angst. Die sind so heftig, da glaubt man, dass die Welt untergeht.

Bei dem Bombenangriff auf das Arsenal kamen viele Menschen ums Leben. Ich selbst blieb unverletzt, erlitt jedoch einen solchen Nervenschock, dass ich zwei Monate Genesungsurlaub erhielt. Als ich mich danach wieder zurückmeldete, bekam ich den Befehl, mich an die Front zu begeben. Daraufhin bin ich desertiert, ich hätte die Wehrmacht einfach nicht ertragen können. Vom achten Dezember an war ich fahnenflüchtig und hab mich mit meiner Frau und meiner kleinen Tochter in der Nähe von Wien versteckt.»

Er zögerte und schwieg, offensichtlich überkam ihn plötzlich die Ahnung, dass er mir diese Geschichte schon erzählt hatte. Wieder schien er sich in den Erinnerungen an die Jahre seiner Jugend zu verlieren, angeregt durch meine Erzählung vom Berliner Bombenkrieg.

Hätte ich mir das doch erspart! Denn nach einer kurzen Weile fuhr er fort: «Da waren die Russen schon ganz in der Nähe, und ich dachte: Die Frage ist nur noch, wer uns schließlich erschießen wird, die SS oder die Sowjets. Die heimwärts flüchtenden Soldaten hatten uns Gräuelmärchen über die Russen zugerufen, von Kindern auf der heißen Herdplatte und vergewaltigten Frauen.

Also, das mit der Herdplatte schien mir reichlich übertrieben. Aber in Panik war ich doch, ich hatte ja ein Baby und eine Frau bei mir, die ich beide sehr liebte. Wie wir uns voller Angst verborgen haben – diese Erlebnisse verfolgen mich bis zum heutigen Tag. Die lassen sich nur mit dem Alkohol halbwegs im Zaum halten.»

Er verstummte. Sollte das nun ewig so weitergehen? Ich, der ich diese Geschichte vor Stunden schon einmal gehört hatte, war ratlos, wie ich mich der Situation halbwegs höflich entziehen und endlich ins Hotel zurückkommen sollte. Mitten in mein Grübeln hinein sprach er weiter.

«In den ersten Jahren nach dem Krieg hat mich meine Karriere von all dem abgelenkt, doch später, nach den ersten großen Erfolgen, hatte ich Zeit zum Nachdenken. Der Zwang, als Schauspieler vorwärtszukommen, stand nicht mehr so im Vordergrund. Die Vergangenheit schien immer drückender zu werden, keine Spur davon, dass sie langsam verblassen würde. Damals begann ich, Angebote abzulehnen, suchte nach Gründen, um selbst sehr ernsthafte und hochinteressante Pläne im Film und am Theater platzenzulassen. Diesen ganzen Zirkus wollte ich nicht mehr. Ich hatte nur noch Spaß an der Alleinunterhaltung. Bei meinen Leseabenden schlugen sich die Zuhörer um die Eintrittskarten. Vor allem in Wien hätte ich damit zufrieden sein können.

Aber dann, urplötzlich, überkam mich doch wieder die Sehnsucht nach dem Theater. Nur auf die Eigenständigkeit wollte ich nicht mehr verzichten, daran hatte ich mich inzwischen gewöhnt. Ich gründete eine Theatertruppe unter meinem Namen, die aber nicht sehr erfolgreich war. Das Publikum, zumindest außerhalb Wiens, fing an, mich zu vergessen. Auch meine Filme, selbst die wenigen erfolgreichen, liefen nicht mehr.

Und da sitze ich nun, ein sporadischer Alkoholiker, und weiß nichts mehr mit mir anzufangen. Ich bin absolut entgleist. Stellen Sie sich vor, ich versuche es sogar mit der Werbung: Ich schreibe höfliche Briefe an Agenturen, die Reklame für Hundefutter machen, und biete meinen Schäferhund, den Schani, als Werbeträger an. Meinen Sie, ich bekomme Antwort? Er ist ein sehr liebes Tier, nur manchmal, wenn er jemanden so gar nicht mag, schnappt er nach ihm. Meine letzte Freundin konnte er überhaupt nicht leiden. Er hat sie einmal recht heftig in die Hand gebissen, als sie ihn streicheln wollte. Doch gewöhnlich, wie gesagt, ist er ein sehr lieber Hund, tut keinem etwas zuleide. Und schön ist er. Wenn er einen anschaut, den Kopf schräg zur Seite gelegt, das ist unwiderstehlich. Nur sollte man sich von dieser charmanten Haltung auch nicht täuschen lassen, sie könnte genauso gut das Zeichen für einen bevorstehenden Angriff sein. Seine Schwäche ist die Eifersucht.»

«Ich habe ihn ja noch gar nicht zu Gesicht bekommen», warf ich ein, obwohl mich sein Hund weiß Gott nicht interessierte.

«Momentan ist er mit meiner Mutter im Haus in der Wachau. Er liebt sie sehr, seit sie ihm einmal kräftig eins über die Nase gezogen hat. Wenn sie auftaucht, beginnt er zu winseln und legt sich zur Begrüßung rücklings auf den Boden. Dann folgt er ihr auf Schritt und Tritt. Vielleicht spürt er, dass seine Eifersucht hier grundlos wäre, vielleicht fühlt er die permanente Spannung zwischen meiner Mutter und mir.»

Er schwieg und schien über das nachzudenken, was er gerade erzählt hatte. Draußen war inzwischen ein grauer Tag angebrochen, die frühen Sonnenstrahlen waren schnell hinter dichten Wolken verschwunden. Ich sann auf Möglichkeiten, wie ich diesem Haus und seinem Besitzer entfliehen konnte.

«Der Schani ist eine Perle von einem Hund. Er hat meiner achtzigjährigen Mutter sogar einmal das Leben gerettet, indem er einem zu früh anfahrenden Wagen an der Ampel vor die Windschutzscheibe sprang. Der Fahrer gab Gas, der Schani sprang, zwang ihn zum Bremsen und konnte sich mit einem zweiten Hüpfer auf das Trottoir retten. Und doch, er hat einen absurden Geschmack, sein Lieblingsfutter ist nach wie vor das Chappi, obwohl gerade diese Firma nichts von ihm wissen wollte. Ich hatte mich an die gewendet: ‹Ich hatte mit Schani eine Konferenz›, schrieb ich an Masterfoods, ‹er wäre bereit, mit mir für einen Werbespot zur Verfügung zu stehen. Sein Charme und mein Bekanntheitsgrad wären doch eine Garantie für den Erfolg.› Meinen Sie, ich hätte eine Antwort erhalten?»

«Weshalb, um Himmels willen, haben Sie denen denn geschrieben? Hätten Sie sich denn wirklich dazu hergegeben?», fragte ich erstaunt.

«Weil ich Geld brauchte, Herrschaftszeiten», rief er leise und sah mich herausfordernd an. «Aber jetzt kommen Sie bloß nicht auf die Idee, mir was leihen zu wollen. Es hat sich alles zum Guten gewendet, und ich werde meinen Hurenberuf wieder aufnehmen können.»

Ich muss ihn wohl sehr irritiert angestarrt haben, denn er reagierte sofort: «Ich weiß, ein hartes Wort. Aber das richtige. Wie können Sie annehmen, dass unser Tun eine ernsthafte Beschäftigung darstellt? Schauspieler ist doch kein Beruf für einen Erwachsenen. Aus diesen verspäteten Kinderspielen entwickelt sich doch, je länger man sich mit ihnen abgibt, unaufhaltsam eine Art Hurendasein. Normalerweise wird man nicht Schauspieler, schon gar nicht in Wien.

Manchmal weiß ich nicht, ob ich ein Mensch bin oder ein Wiener. Heute ist Wien für mich eine endgültig überwundene Grippe. Am schönsten ist es, wenn man es von Liechtenstein aus betrachtet. Um sich von Wien zu lösen, braucht man den Alkohol einfach. Das Treibmittel, um von sich selbst abzuspringen.

Ich hatte einmal einen seltsamen Auftritt im Michaeler Bierwirtshaus: Ich stellte mich an die Budel und bestellte ein Viertel Veltliner. Hinter dem Tresen stand eine Dame und schüttelte den Kopf. Ich konnte nicht glauben, dass gerade dieser Wein aus ist, machte aber einen neuen Versuch und sagte: ‹Dann nehm ich eben einen anderen.› Die Dame schaute nur dümmlich drein. Erst allmählich begriff ich, dass sie keine Kellnerin, sondern schlicht und einfach eine Verkäuferin für Damenunterwäsche war. Das Bierhaus existierte gar nicht mehr, aber in meiner Beschwipstheit hatte ich das überhaupt nicht bemerkt. Ich entschuldigte mich und lud sie zum Abendessen ein. Sie sagte gleich zu und gestand mir später, dass sie mich sofort erkannt hatte. Auch so was kann einem in dem Zustand also passieren. Doch für gewöhnlich ist maßvolle Trunkenheit ausgesprochen vorteilhaft. Zum Wohl», sagte er und hob sein Glas, bevor er es in einem Zug leer trank.

«Um auf unseren Beruf zurückzukommen: Es ist vielleicht ein wenig übertrieben, von uns als Prostituierten zu sprechen. Aber auf keinen Fall ist es eine Profession für reife Leute, das müssen Sie doch zugeben.»

Ich blieb stumm, während er wieder seinen alkoholisch getränkten Gedanken nachhing. Du lieber Himmel, dachte ich, was für seltsame Ansichten dieser Mann hat! Er, vor dessen Lesungen die Leute in der Kassenschlange um jeden Fußbreit Boden für eine Eintrittskarte gestritten hatten. Jeden Platz hätte man zehnmal verkaufen können. Feine Damen im Nerz und Smaragdschmuck kreischten wie Furien gegen ihre Konkurrentinnen in Abendkleid und Perlenkette, begleitet von empörten

Ausrufen der zur Seite Geboxten. Am Ende war der Saal stets weit über jedes zulässige Maß gefüllt.

Ich hatte das selbst einmal miterlebt. Eine Zeitung schrieb am anderen Tag von seinem Charisma, das vor allem auf die weiblichen Zuhörer seine Wirkung hatte, «sie verlassen seine Vortragsabende meist mit nassen Höschen». Wie hatte der Schreiber, dachte ich damals, das eigentlich feststellen können?

«Was in aller Welt hat Sie denn dazu gebracht, so radikal nicht mehr an sich selbst zu glauben?», fragte ich, nach den letzten Einblicken, die er mir gewährt hatte, nun doch wieder neugierig geworden. Denn ich konnte es mir nicht erklären – nichts von dem, was er über sein Leben erzählt hatte, schien mir Anlass genug für diese Selbstzweifel, diese Selbstverachtung. Er schwieg, stand auf, ging ziellos im Raum umher.

«Vielleicht sollte ich mich einem Fremden gegenüber nicht so genau über alles auslassen», sagte er nach einer Weile ernst und unschlüssig.

«Eines kann ich jedoch zugeben: Eigentlich habe ich nie so recht an mein Talent geglaubt. Anfänglich mag es die pure Begeisterung gewesen sein, die die Bedenken übertünchte, die mich hätten warnen sollen. Doch je reifer ich wurde, desto unglaubwürdiger erschien mir alles, was in mir und um mich herum vorging. Ich staunte über die ungewöhnlichen Reaktionen, die mein Spiel bei den Zuschauern hervorrief. Es kam mir vor, als befände ich mich wie in einer Art Fata Morgana, aus der ich mich ständig befreien, wachrütteln wollte.

Schon früh machte ich Erfahrungen, durch die ich mich als einen Mann mit einer steinalten Seele sah. Im Grunde glaubte ich mir selbst kein Wort. Ich spielte den erfolgreichen Komödianten ebenso wie die anderen Rollen, die ich mir einverleibte, die tragischen, ernsten, absurden und heiteren. Immer selbstverständlicher, immer routinierter. Ich kroch in jeden Charakter hinein, und gleichzeitig beobachtete ich mich dabei. Nur ganz selten verlor ich mich selbst in meinen Darstellungen, oft nur einigen Augenblicke oder Szenen lang.»

Er dachte nach.

«Im Hamlet, ja, da konnte das ganze Akte hindurch geschehen. Aber ich weiß trotzdem nicht, ob das meine besten Leistungen waren. Soll ich Ihnen etwas sagen? Gerade die Momente, in denen ich mich nicht verlor und sehr gründlich kontrollierte, wurden von den Zusehern und Kollegen später oft als besonders eindringlich beschrieben. Sie nannten mein Eintauchen in die Rolle genial, obwohl ich meinen Kopf immer über Wasser hielt und alles, alles nur vorspielte. Aber vielleicht ist das gerade eine Bedingung des Talents, der Kunst überhaupt. Ich weiß nicht, wie es Ihnen damit geht, aber ich mochte dieses Vorspiegeln von Gefühlen, diese nachdrückliche Gedankenverdeutlichung, mit der man jedes Wort betont und die mich in eine extreme Kraftmeierei hineintrieb, gar nicht. Aber sie wurde immer lauter beklatscht.

Nach der Szene Hamlets mit der Mutter im Schlafgemach, direkt vor der Pause, kam es oft zu einem Applaus, der an Raserei grenzte. Für diese Szene hatte ich mir einen Plan zurechtgelegt, eine Strategie, wenn Sie so wollen. Ich spielte sie mit glühender Eifersucht, als Paradebeispiel heftigsten, kindlichen Liebesneides. Es war stets ein Erfolg, aber dennoch hatte ich in all den verschiedenen Produktionen dieses Stückes immer wieder das Gefühl, ich hätte diese Szene vergewaltigt.

Ich überlegte, sie zurückzunehmen, sie kühler vorzutragen. Doch jeder meiner Versuche, das Spiel zu verändern, scheiterte. Die absolute Verlorenheit des Kindes, die ich als den Kern der Szene sehe, die konnte ich auf der Bühne nie darstellen. Vielleicht wäre ich jetzt so weit. Vielleicht könnte ich den Hamlet heute scheinbar kühler und doch auch verzweifelter zeigen. Die kalte Entschlossenheit, wie er mit dem Messer in der Hand auf seine Mutter eindringt, bis der Aufschrei des Polonius hinter der Tapete ihn ablenkt und das Messer in dessen Bauch fährt – ja, wenn ich das alles mit der tödlichen Ruhe eines zu allem entschlossenen, verlorenen jungen Mannes gespielt hätte, dann hätte es möglicherweise schlichter und glaubwürdiger gewirkt. Dann wäre es der wahre Hamlet gewesen. Aber die Leute hätten es sicher nicht so gern gesehen.

Schade, ich bin nicht der Künstler geworden, der ich hätte werden können, der ich werden wollte. Irgendetwas in mir hat mich davon abgehalten, den Publikumsgeschmack so vollkommen zu ignorieren, wie ich es hätte tun müssen, um meinen eigenen Ansprüchen gerecht zu werden. Dem habe ich mich nicht richtig gestellt. Und es mag schon sein, dass es auch meine Verliebtheit in die äußeren Mittel gewesen ist, die mich davon abhielt.

Aber wissen Sie, wo mir die Umsetzung meiner Ideen wahrscheinlich noch am besten gelungen ist? Im Film. Die Nähe der Kamera hat mir alles allzu Laute, hat mir die auftrumpfenden darstellerischen Eitelkeiten verboten. All das, was mir auf der Bühne so viel Applaus einbrachte, durfte ich im Film nicht anwenden. Und obwohl die Bühne stets meine wahre, geliebte Ehefrau blieb, der Film nur meine kurzzeitige Geliebte war – konnte ich mich bei den Dreharbeiten viel mehr auf mich selbst besinnen, mich in mich zurückziehen.

Wie hätte ich auf der Bühne zeigen können, was ich zum Beispiel im ‹Narrenschiff› darstellen konnte? Diese Nähe und Intensität, das geben ja allein schon die riesigen Theaterräume nicht her. Denken Sie nur an den Moment, wo ich als Schiffsarzt einen Herzinfarkt erleide und beinahe sachlich beschreibe, wie er voranschreitet und im Tod enden wird … Haben Sie den Film gesehen?»

«Wenn man in unserem Metier von Genialität sprechen will, dann kann man ihre Darstellung so nennen. Ja, ich habe ihn mehrere Male angeschaut.»

«Als Doktor Schumann konnte ich meine letzten Minuten unpathetisch und sachlich beschreiben. Ich dachte an keinerlei Wirkung mehr, ich tauchte in die Endgültigkeit des Rollencharakters völlig ein. So erging es mir übrigens in meinen Filmrollen fast immer. Das Metier befahl mir, mich zurückzunehmen, mich auf meine besten Mittel und Fähigkeiten zu besinnen.

Jetzt finde ich es wieder schade, so viele Filmrollen abgelehnt zu haben. Einige der Angebote wären es vielleicht doch wert gewesen. Vorbei!

Und nun denke ich immer noch darüber nach, wie man die stille, ruhige Selbstbesinnung auf der Bühne einsetzen kann. In der Wachau werde ich hoffentlich noch einmal die Gelegenheit dazu haben. Die Rollen, die mir früher die großen Erfolge bescherten, ihnen werde ich dann mit meiner selbstlosesten Darstellung und meiner rückhaltlosesten Bescheidenheit zu dienen versuchen. Ich will, dass nachdrückliche, ungewöhnliche Theatererlebnisse entstehen.

Jedwede Eitelkeit abzustreifen – ist Ihnen das auf der Bühne schon einmal gelungen? Wenigstens zeitweise, für Minuten, für Sekunden?»

Wieder verfiel er in abwesendes Schweigen. Wie war dieser Mann beschenkt worden mit äußeren Gaben – mit seinem Aussehen, seiner so ungewöhnlichen Stimme, der schwebenden Leichtigkeit seiner Bewegungen. Was hätte er noch alles erreichen können, wenn er sich selbst treu gewesen wäre und zu seinem innersten Kern hätte vordringen können? Würde es einen Theatergott geben, Oskar müsste ihn fortwährend um Verzeihung bitten. Er teilte sie mit so vielen anderen Kollegen, Komödianten, Schauspielern – diese elende Undankbarkeit gegenüber allem Erreichten. Was hatten sie nicht schon alles angestellt, um sich hinter ihren Rollen verstecken zu können und nicht zu viel von sich preiszugeben?

Bschließmayer saß versonnen und bewegungslos da. Plötzlich sprang er auf. «Ja», rief er, und sein Verhalten sprühte vor Energie, «dann werde ich Sie jetzt wohl in Ihr Hotel bringen müssen. Eigentlich bin ich gestern nur zu Ihrem Theaterabend gegangen, weil ich Ihnen ein Engagement in meiner neuen Truppe anbieten wollte, die ich gerade gründe. Aber während unserer nächtlichen Unterhaltung sind wir uns wohl nicht so nahegekommen, dass wir auf der Bühne ein Freundespaar darstellen könnten. Außerdem, das sehen Sie doch für sich auch so: Wenn schon Homburg, dann doch den Prinzen und nicht den Hohenzollern, nicht wahr?»

«Keinen von beiden», warf ich dazwischen.

«Zudem werden Sie in nächster Zeit ja auch ausgebucht sein, wie ich annehme», fügte er förmlich hinzu. «Wenn ich Sie also bitten dürfte?»

Er ging vor mir her zur Garderobe, reichte mir meinen Mantel und die Umhängetasche und tappte hinaus. Ich folgte ihm, wie versteinert. Unter keinen Umständen wollte ich mich von diesem über jedes Maß Betrunkenen ins Hotel fahren lassen! Während ich den Mantel überstreifte, bat ich eher beiläufig um einen Anruf beim Taxidienst.

«Machen Sie sich doch nicht die Mühe, so spät noch – oder soll ich sagen, so früh schon? – in den Wagen zu steigen», versuchte ich zu witzeln und fügte an, wir hätte uns ja nun ausführlich unterhalten, wir könnten uns ohne weiteres hier verabschieden.

«Ach, das Fahren macht mir nichts», gab er fröhlich

zurück, wir standen bereits vor seinem Wagen, «ich kann jetzt ohnehin noch nicht schlafen.»

Nun wurde ich deutlicher. «Ich muss Sie trotzdem bitten, mir ein Taxi zu rufen. Bei dem Alkohol, den Sie im Blut haben, verspüre ich nicht die geringste Lust, mich Ihnen anzuvertrauen.»

«Das ist ja der Gipfel», brüllte er sofort los, «wollen Sie damit sagen, dass ich nicht mehr zurechnungsfähig bin, volltrunken, besoffen?»

Er riss die Beifahrertür auf und versuchte, mich in den Sitz zu drängen.

«Nein», wehrte ich ab. «Ich kann das nicht zulassen. Es wäre verantwortungslos, mir selbst, aber auch Ihnen gegenüber. Das ist eine lange Fahrt, nicht eben mal eine Kurzstrecke von Haus zu Haus.»

«Und ich verbitte mir die Anschuldigung, ich sei so betrunken, dass ich Sie nicht mehr chauffieren könne», schrie er, nun völlig außer sich. «Steigen Sie ein, sonst können Sie zu Fuß ins Hotel laufen. Und das sind mindestens zehn Kilometer.»

Er ging um den Wagen herum, stieg ein und ließ den Motor an. Ich beugte mich an der offenen Beifahrertür zu ihm hinunter und versuchte, ihn zu besänftigen. «Seien Sie doch vernünftig», begann ich.

Da lehnte er sich herüber, ergriff meinen Arm und zog mit solcher Kraft, dass ich fast auf den Sitz fiel. Halb verzweifelt, halb ohnmächtig, ließ ich es geschehen. Was konnte ich gegen diesen wild entschlossenen Verrückten noch ausrichten? Während ich mich auf dem Sitz aufrappelte, gab er Vollgas, ohne abzuwarten, dass ich die Tür zuzog. Währenddessen schimpfte er weiter und beschuldigte mich, ihn ausgenutzt zu haben.

«Sie haben sich bei mir vollgefressen und flaschenweise meinen teuren Veltliner in sich hineingegossen. Wenn einer von uns zweien besoffen ist, dann sind Sie es.»

Er schnaufte wütend und nahm die erste Kurve in halsbrecherischem Tempo. Zum Glück schienen wir allein auf der Straße zu sein.

«Ich sehe es als meine Pflicht an, Sie schadlos in Ihr Hotel zu bringen – und Sie beleidigen mich dafür», meinte er dann, etwas ruhiger. Und schwieg fortan, während er, im Gegensatz zum Hinweg erstaunlich vorsichtig, die Serpentinen hinunterfuhr.

Ich betete, seit langer Zeit zum ersten Mal, aber mit tiefer Inbrunst: dass der Himmel ein Einsehen haben möge und mich gesund mein Hotel erreichen lasse.

Kurze Zeit darauf waren wir unten in Vaduz, und der Wagen hielt vor dem Hotel, ohne dass ich Oskar meine Unterkunft genannt hätte. Ich bedankte mich für den Abend und diese Nacht und wartete auf eine Erwiderung, die nicht kam. Als ich Anstalten machte, aus dem Wagen zu steigen, stellte er den Motor ab, zog die Handbremse an und griff erneut nach meinem Arm. Wieder zog er mich, der ich mich schon zur Tür gedreht hatte, zurück, wandte sich zu mir und flüsterte: «Schauen Sie mich an. Kommen Sie ganz dicht mit Ihrem Gesicht an das meine.»

Mir blieb nichts anderes übrig, als ihm zu gehorchen. Seine Kraft war enorm. Wir verharrten so einen langen

Moment, ich blickte ihn an, und dann flüsterte er: «Werden Sie nie so wie ich, nie.»

Danach stieß er mich beinahe aus dem Wagen, startete den Motor und fuhr davon. Ich weiß nicht mehr, wie lange ich ihm noch nachgesehen habe. Endlich in meinem Zimmer angelangt, schlief ich ein wenig, so gut es ging. Am späten Nachmittag nahm ich einen kleinen Imbiss an der Hotelbar und schlich mich anschließend ins Theater. Irgendwie spielte ich meinen Jean und brachte den Abend zu Ende, und insgeheim fürchtete ich, Oskar könne abermals in der Kassenhalle auf mich warten. Trotzdem hielt ich am Ende der Vorstellung nach ihm Ausschau. Ich habe ihn nicht mehr gesehen

Epilog

Ein paar Monate nach dieser Nacht las ich die Ankündigung einer Premiere des «Prinz von Homburg». Sie sollte in Krems, der größten Stadt der Wachau in Niederösterreich stattfinden. Es interessierte mich sehr, dennoch habe ich lange gezögert. Zu guter Letzt jedoch entschied ich mich, die Aufführung zu besuchen, zumal ich passenderweise gerade in Wien die Dreharbeiten zu einem Film beendet hatte.

Am Morgen des Premierentags hatte Oskar Werner zu einer Gedenkstunde im nahen Konzentrationslager Mauthausen eingeladen. Zwei Busse standen zur Verfügung, die die späteren Theaterbesucher zur Gedenkstätte bringen sollten. Auch ich fuhr mit, nachdem ich mir eine Eintrittskarte für den Abend besorgt hatte. Bei der Abfahrt rief Werner den Besuchern ein lautes «Schalom» zu, obwohl er eigentlich hätte wissen müssen, dass ein großer Teil der in Mauthausen Ermordeten russische Soldaten gewesen waren; Juden waren zumeist erst kurz vor Kriegsende aus den östlicheren Lagern dorthin gepeitscht worden.

In der Gedenkstätte angekommen, ließ er uns durch

das Lager führen und hielt am Ende eine längere Rede, die er mit seiner ebenso einfachen wie überzeugend richtigen Analyse eines Nazi abschloss: «Wenn jemand gut ist und ein Nazi, dann ist er nicht intelligent. Wenn jemand intelligent ist und ein Nazi, dann ist er nicht gut. Und wenn jemand gut und intelligent ist, dann ist er kein Nazi.»

Kurz bevor wir alle wieder in den Bus einstiegen, der uns nach Krems zurückbrachte, schien er mich entdeckt zu haben. Unsere Blicke trafen sich, aber er tat, als erkenne er mich nicht, und ich hatte nicht den Mut, auf ihn zuzugehen. Dann jedoch stand er neben mir, tippte mir auf die Schulter und fragte mich leichthin, ob wir uns nach der Vorstellung sprechen könnten. Ich nickte, war mir aber keineswegs sicher, ob ich diese Verabredung wirklich wollte, denn ich hatte Angst vor dem, was mich erwarten könnte.

Die Aufführung fand im geräumigen Brauhofsaal statt, der anscheinend nicht nur als Spielstätte für Theaterproduktionen genutzt wurde. Es war der Festsaal einer Gaststätte, und er war für die Vorstellung herausgeputzt worden. Etwa zweihundert Zuschauer fanden Platz auf den langen Bänken; da der Saalboden jedoch vollkommen eben war, behinderte man sich teilweise gegenseitig in der Sicht. Ich hatte einen Sitz knapp hinter der Mitte ergattert und wollte mich gleich am Ende der Aufführung davonmachen – für den Fall, dass meine Befürchtungen wahr werden sollten. Bis zur allerletzten Sekunde blieb ich vor dem Saal im Freien stehen, erst kurz vor Beginn setzte ich mich auf meinen Platz.

Die Vorstellung war keineswegs ausverkauft. Ein Viertel der Plätze war frei geblieben. Aber die wahre Katastrophe begann, nachdem sich der Vorhang geöffnet hatte. Oben stand Werner. Einst hatte er die Sterne vom Himmel gepflückt und verschwenderisch unters Volk geworfen. Und nun das hier: ein müder alter Mann mit gekrümmtem Rücken, dünnbeinig, mit faltigem Gesicht. Die ganze Erscheinung insgesamt viel zu verbraucht für den jugendlichen Homburg – so betrat er die Bühne, schlich mehr nach vorn, als dass er ging, und schon bei der Wiedergabe von Homburgs Traumgesicht am Anfang fiel ihm der Text nicht mehr ein. Nuschelnd versuchte er, sich über die Hänger hinwegzuretten, dann brach er ab und fing die ganze Szene von neuem an:

«Hoch auf, gleich einem Genius des Ruhms,
Hebt sie den Kranz, an dem die Kette schwankte …»

Und wiederum wusste er nicht weiter, brach erneut ab und stand hilflos da.

Ich hätte ihm so gern helfen wollen – «… als ob sie einen Helden krönen wollte …» – denn ich hatte diese schwierige Rolle gespielt und kannte sie gut. Nun litt ich unsäglich mit ihm. Ich hätte in einem Moment am liebsten vor Scham unter die Bank kriechen mögen, im nächsten Augenblick wieder wollte ich mich aufrichten und ihm beispringen, doch da ging er schon nach vorn an die Rampe, entschuldigte sich kurz beim Publikum und bat deutlich hörbar die Souffleuse um Hilfe. Etwas besser, aber alles andere als glorreich, ging es weiter.

Erst in der Szene mit der Kurfürstin, wenn Homburg

um sein Leben fleht, schien er aufzuwachen, schien er sich seiner einstigen Darstellung in Frankfurt zu erinnern – doch bald darauf verfiel er wieder in seine nuschelnde Wirrheit und verlor schließlich auch das letzte Fünkchen schauspielerischer Glaubwürdigkeit.

Die Zuschauer fingen verlegen zu kichern an. Wieder schlurfte er nach vorn, ohne sich diesmal beim Auditorium zu entschuldigen, verlangte noch einmal den Text, obwohl die Souffleuse ihn ihm schon lauthals zugerufen hatte. Und von neuem begann die Szene, die eben schon fast beendet gewesen war.

Das Publikum verhielt sich immer unwilliger, man empörte sich erst halblaut, um kurz darauf ungeniert und laut zu lachen.

Ich fühlte mich erleichtert, als der Pausenvorhang gezogen wurde. Denn ich war fest entschlossen, mich dem zweiten Teil dieses Dramas – eines ganz anderen als dem, das Kleist geschrieben hatte – nicht mehr auszusetzen. Doch dann sah ich eine beträchtliche Zuschauergruppe fast fluchtartig den Saal verlassen – und blieb. Ob aus Trotz oder Solidarität, ich weiß es nicht mehr.

Ich hatte plötzlich wieder seinen Frankfurter Homburg im Ohr und hoffte, davon jetzt wenigstens noch einen Anklang zu vernehmen, vielleicht eine Art erinnerndes Aufleuchten seiner großartigen damaligen Darstellung. Doch da war nichts als eintöniges Genuschel und die verzweifelte Suche nach dem ihm doch so vertrauten Text.

Er sei ein Mensch mit einer alten Seele, hatte er behauptet. Nun sind der hinfällige alte Leib und das nicht mehr funktionierende Hirn dazugekommen, sagte ich mir, während ich mich aus Scham bemühte, mich vom Bühnengeschehen abzulenken. Andere Sätze, die er gesprochen hatte, gingen mir durch den Kopf.

«Ich bin nicht der Künstler geworden, der ich gern geworden wäre», hatte er gesagt.

Ich hätte ihm darauf entgegnen mögen: Du warst es, du warst es! Du hast es nur nicht bis zur Vollendung bringen können. Deine Krankheit hat dich daran gehindert. Deine hemmungslose Alkoholsucht hat dir mit den Jahren all deine künstlerische Würde geraubt.

Eigentlich hatte ich mir vorgenommen, ihm das bei Gelegenheit am Vormittag in der Gedenkstätte zu sagen. Doch dann war es mir unpassend erschienen, ihn direkt nach der eindrucksvollen Stunde im ehemaligen Konzentrationslager, in der er sich so konsequent und voller Trauer gegen das Nazitum geäußert hatte, auf dieses Thema anzusprechen.

Seine vormittäglichen Gedanken über das Wesen des Nazi kamen mir in den Sinn, und ich musste kurz auflachen.

Einige Zuschauer um mich herum hatten es gehört und dachten wohl, ich mache mich über sein verzweifeltes Gestammel lustig. Als ich mich umsah, nickte man mir beifällig zu. Ich saß beschämt und schweigend bis zum Ende der Vorstellung da, schaute mitleidig und entsetzt dem Debakel zu und ergriff die Flucht, sobald das Licht im Saal eingeschaltet wurde.

Ihn nun zu treffen, wäre mir unmöglich erschienen. Es

war allzu schmerzhaft gewesen, Zeuge seines rasanten Verfalls geworden zu sein. Wie hätte ich mit ihm darüber sprechen können? Ich verließ die Spielstätte und ging zu Fuß zu meinem Landgasthof am Rande von Krems. Dort trank ich auf leeren Magen eine Flasche Grünen Veltliner, schlief am anderen Tag bis weit in den Mittag hinein und erreichte nach einer hastig eingenommenen Mahlzeit den Bummelzug nach Wien.

Ich fühlte mich nicht in der Lage, ihn noch einmal wiederzusehen, obwohl er mir ein paar Wochen später sogar schrieb und mich einlud; irgendwie musste er meine Adresse herausgefunden haben.

Und doch habe ich mich ein Jahr später noch einmal auf den Weg gemacht. Dieses Mal nach Marburg. Dort sollte es eine Lesung geben. Oskar Werner hatte vor, Goethe, Schiller und Weinheber zu rezitieren. Genau so einen Abend hatte ich noch gut in Erinnerung, damals hatte er in Wien stattgefunden und einen umwerfenden Eindruck auf mich gemacht. Ich weiß noch, wie gut, ja wie genial er die Texte dieser Dichter zum Leuchten gebracht hatte.

Doch als ich am Abend des 23. Oktober zum Veranstaltungsgebäude in Marburg kam, stand ich vor verschlossenen Türen. Die Lesung war kurzfristig abgesagt worden. Ich fragte herum und erfuhr, dass nur zehn Karten verkauft worden waren, die Vorstellung sei deshalb in beiderseitigem Einverständnis abgesagt worden.

Ich fuhr noch am selben Abend nach Frankfurt zurück und erfuhr am nächsten Morgen aus einer Zeitungsnotiz, dass Oskar Werner am Abend vor der geplanten Lesung, das Debakel vor Augen, kurz vor Mitternacht einen tödlichen Herzinfarkt erlitten hatte.

In einem seiner Briefe hatte Heinrich von Kleist einmal geschrieben: «Ach, dass wir ein Leben bedürfen, zu lernen, wie wir leben müssten, dass wir erst im Tode ahnen, was der Himmel von uns will.»

War es ihm, Oskar Werner, ebenso ergangen? Es war sein zweiter Infarkt gewesen. Den ersten hatte er als Schiffsarzt Dr. Wilhelm Schumann in Stanley Kramers Meisterwerk «Das Narrenschiff» so eindrucksvoll erlitten, dass er dafür 1968 für den Oscar nominiert worden war.

Er hatte diesen seinen Filmtod nicht gespielt, er hatte ihn erlebt. Der titanische Anfall traf ihn an Deck, und es sah aus, als würde er als Mediziner die verschiedenen Stadien des Infarkts noch sachlich registrieren. Die Hand auf der Brust in Höhe des Herzens schien abzutasten, was sich in seinem Innern tat.

Man hatte den Eindruck, er flüstere sich selber zu, welcher immer noch fatalere organische Vorgang auf den eben schon erlittenen folgt. Das tat er mit einem tief empfundenen Schmerz im Gesicht, während er sich gleichzeitig zur Ordnung rief und dabei seinen Zustand sachgemäß schilderte. Dann überwältigte ihn ein letzter, übermächtiger Krampf, und er sank zu Boden. Dort starb er in einem letzten Aufbäumen, einen tonlosen Schrei auf den Lippen.

Bei seinem tödlichen Infarkt muss Oskar in dem kleinen, dunkel möblierten Zimmer des «Europäischen Hofs» in Marburg ohne große Szene gestorben sein. Sachlich und schnell. Vielleicht sogar im Schlaf, wie er es sich gewünscht hatte.

«Dass wir im Tode erst ahnen, was der Himmel von uns will» – war es ihm auf seinem einsamen Sterbebett ähnlich ergangen? Hatte er in seinen letzten bewussten Momenten Erleichterung, gar Erlösung gefunden? Waren Bitterkeit und Verzweiflung endlich von ihm abgefallen? Der 23. Oktober ist der Geburtstag meiner Mutter, dachte ich in einem Anflug von Melancholie und wünschte, ich könnte auf meine Fragen eine tröstliche Antwort finden.

Michael Degen
bei Rowohlt · Berlin und rororo

Der traurige Prinz

Familienbande

Mein heiliges Land

FSC
www.fsc.org
MIX
Papier aus verantwortungsvollen Quellen
FSC® C083411

Das für dieses Buch verwendete Papier ist FSC®-zertifiziert.